W0059989

Heinz Pollay

Das Reiterabzeichen leicht gemacht

und alles zum Thema
REITER-PASS (FN)

Mit 154 Zeichnungen
von Ulrik Schramm

Dritte, durchgesehene Auflage

BLV Verlagsgesellschaft
München Bern Wien

CIP-Kurztitelaufnahme der Deutschen Bibliothek

Pollay, Heinz
Das Reiterabzeichen leicht gemacht und alles zum
Thema Reiter-Paß (FN). – 3., durchges. Aufl. –
München, Bern, Wien: BLV Verlagsgesellschaft, 1978.
1. u. 2. Aufl. u.d.T.: Pollay, Heinz: Das Reiterabzeichen
leicht gemacht.
ISBN 3-405-11931-6

Bildverzeichnis

BLV Archiv Sport (Foto Jürgen Kemmler, München) Seite 31,
32, 34, 35, 38, 39, 40, 41, 50, 51, 52, 53, 54, 55, 57, 58, 59,
86, 87, 95, 114, 115, 123, 125, 126, 137, 139, 145, 150, 158,
159, 161, 165, 174.
Marian Gadzalski, Seite 2
Hannes Kilian, Stuttgart, Seite 27
Werner Menzendorf, Berlin, Seite 68, 113
Foto Mitschke, Wiesbaden, Seite 54
NOP 72, Seite 173, 175
Erika Schiele, Dornap, Seite 9, 20, 21, 24
Guido Wedding, Essen, Seite 174

© BLV Verlagsgesellschaft mbH, München, 1978

Satz und Druck: Georgi-Druck, Königsbrunn
Buchbinder: Conzella, München

Printed in Germany · ISBN 3-405-11931-6

Schon heute ist das 20. Jahrhundert als das Jahrhundert der Technik in die Geschichte eingegangen, obwohl ein Vierteljahrhundert noch vor uns liegt. Und noch ist nicht abzusehen, was die Zukunft uns an weiteren Neuerungen bescheren wird. Was so schnell und leichthin als Fortschritt bezeichnet wird, trägt schon vielfach den Keim der schädigenden Rückwirkung in sich. Die Sorge um allzuviel Technik in unserem Leben läßt die Sehnsucht nach dem Natürlichen, nach der belebten Natur in ihren vielfältigen Erscheinungsformen ständig wachsen. Spät, aber hoffentlich noch nicht zu spät, haben die Menschen in aller Welt erkannt, daß zur Erhaltung der Natur, ihrem kostbarsten Besitz, Entscheidendes getan werden muß.

Eine der erfreulichen Erscheinungen, den Weg zur Natur zurückzufinden, ist der stetig zunehmende Wunsch zum Umgang mit dem Pferde, einem Freunde des Menschen. Aus der praktischen Nutzung in der Landwirtschaft und in verschiedenen anderen Gewerbezweigen nahezu verdrängt, findet das Pferd heutzutage fast nur noch als Reitpferd Verwendung. Die Züchter haben den Zug der Zeit frühzeitig erkannt und einen neuen Typ herangezüchtet – ein leichteres, elegantes Pferd mit gut ausgeprägten Grundgangarten. Man kann heute sogar von dem *deutschen Reitpferd* sprechen, weil sich alle Zuchtgebiete auf eine weitgehend einheitliche Form ausgerichtet haben.

Wie auf vielen anderen Gebieten, sind nach dem Kriege auch Pferdezucht und Reiterei erst allmählich wieder gewachsen. Wenn beide dann systematisch und zielstrebig wieder aufgebaut werden konnten, so war dies der große Verdienst von *Gustav Rau,* der sowohl den Züchtern neue Ziele aufzeigte als auch die ländliche Reiterei und den Reitsport in den Städten zu neuem Leben erweckte.

Heute gibt es kaum ein Dorf oder eine Stadt, in der die Reiterei nicht gepflegt wird, was auch durch die zunehmende Begeisterung für das Freizeitreiten zum Ausdruck kommt. Die Zeit, in der das Reiten nur wenigen Menschen vorbehalten war, ist längst vorüber. Reiten ist heute ein Volkssport wie viele andere Sportarten auch. Und doch nimmt es unverändert eine Sonderstellung ein, denn Reiten ist der einzige Sport, in dem *zwei* Lebewesen – Mensch und Tier – zusammenwirken müssen. Hierin liegen Schwierigkeit und Reiz zugleich. Wenn man danach fragt, ob jeder Mensch das Reiten erlernen kann, so ist diese Frage uneingeschränkt mit »ja« zu beantworten. Allerdings erfordert das bestimmte Voraussetzungen – eine gute körperliche Verfassung, Geschicklichkeit und Ausdauer, Geduld und Liebe zum Pferd sind vielleicht hier die wichtigsten.

Je früher man sich mit dem Pferde vertraut macht, umso schneller werden sich Fortschritte in seiner Beherrschung und später in seiner Ausbildung einstellen. Zunächst wird der Reiter vom Pferde lernen. Es ist daher wichtig, am Anfang über ein Pferd zu verfügen, das einen guten Ausbildungsstand hat. Später werden sich die Rollen dann vertauschen. Niemand sollte aber auf den Gedanken verfallen, das Reiten ohne die Hilfe eines Reitlehrers erlernen zu wollen. Er wird sich meistens sehr schnell am Ende seiner Kunst sehen, ganz abgesehen von der Unfallgefahr.

Wer die Liebe zum Reiten in sich fühlt und sich entschlossen hat, das Reiten zu erlernen, muß sich auf einen längeren Weg gefaßt machen, ein Weg, auf dem neben der Freude gelegentlich auch Enttäuschungen und Rückschläge liegen. Mit Ausdauer und Geduld führt dieser Weg aber immer aufwärts. Und an seinem Ende steht die beglückende Gewißheit, mit dem Pferde ganz vertraut zu sein und es in echter Partnerschaft zu beherrschen.

Je früher ein Kind oder Jugendlicher zum Pferde findet, umso schneller wird aus ihm ein wirklicher Reiter.

Teil 1 Der erste Leistungsbeweis: »Das Reiterabzeichen«

Nun ist es nicht die Absicht des Buches, damit einen Reitlehrer zu ersetzen oder als Reitlehre für Anfänger zu dienen. Es soll vielmehr eine Grundlage für den Erwerb des Reiterabzeichens darstellen. Der Reiterabzeichen-Anwärter kann damit sein praktisches Können und theoretisches Wissen überprüfen.

Wie sieht es nun mit dem eigenen Können und Wissen eigentlich aus? Diese Frage wird sich jeder Sportler nach einer angemessenen Zeit stellen, wenn er seinen Sport ernsthaft betreibt. Und das gilt natürlich auch für den Reitsport. In der Leichtathletik z. B. unterrichten ihn Stoppuhr und Bandmaß über den jeweiligen Stand seiner Leistungsfähigkeit. Aber erst die Teilnahme an Wettkämpfen ist die Stunde der Wahrheit.

Seit 1930, von Gustav Rau geschaffen, gibt es auch in der Reiterei ein Leistungsabzeichen, das Deutsche Jugend-Reiterabzeichen und das Deutsche Reiterabzeichen.

Das Deutsche Jugend-Reiterabzeichen kann von Jugendlichen, die im laufenden Kalenderjahr noch nicht 17 Jahre alt werden, erworben werden. Alle übrigen Reiter können das Deutsche Reiterabzeichen erwerben. Wenn hier von Reitern die Rede ist, so gilt dasselbe natürlich auch für Reiterinnen.

Beide Reiterabzeichen sollen dem Inhaber bestätigen, daß er mit Pferden umzugehen versteht und über ein gewisses Maß reiterlicher Ausbildung verfügt. Sie sollen eine öffentliche Anerkennung für seine bisherigen Leistungen sein und zu steigenden Leistungen anspornen. Weiterhin sollen sie die Freude am Reiten fördern und die Gewähr dafür bieten, daß sich der Reiter mit Anstand in der Öffentlichkeit zeigen kann und in der Lage ist, sich selbst und andere vor Unfällen zu bewahren. Auch den Reitervereinen und den Reitinstituten soll das Abzeichen immer neuer Antrieb sein, das reiterliche Niveau ihrer Mitglieder und Reitschüler zu verbessern und ganz allgemein die Freude am Reiten zu fördern.

Wer nun glaubt, mit dem Erwerb des Reiterabzeichens auch ein fertiger Reiter zu sein, und seine rei-

terliche Laufbahn damit als beendet ansieht, verzichtet unüberlegt auf viele frohe Stunden im Sattel,
verzichtet auch auf eine so wertvolle Selbstbetäti-
gung. Vielmehr sollte die alljährliche Wiederholung
der Prüfung oder der Erwerb der nächst höheren
Stufe das nächste Ziel eines jeden Reiters sein.
Das Reiterabzeichen ist ein *Leistungsabzeichen,* und
zwar die erste Stufe in der Reiterei überhaupt. Es
erworben zu haben, ist also ein Leistungsbeweis, in
Zukunft vielleicht sogar noch mehr.
Es sind Überlegungen im Gange, den Besitz des
Reiterabzeichens zur Vorbedingung für die Teilnahme an Reitturnieren zu machen. Hierbei sollte
die Prüfung oder Wiederholungsprüfung längstens
ein Jahr zurückliegen. Zweck einer solchen Rege-
lung wäre es, nur solche Reiter in der Öffentlichkeit
zu zeigen, die ihr Pferd wirklich beherrschen und
nicht bei jedem Sprung in »Wohnungsnot« geraten
oder denen das Pferd hoffnungslos davonstürmt.
Solche Bilder gibt es leider immer wieder. Sie tragen
natürlich nicht dazu bei, das Ansehen der Reiterei,
dem ästhetisch schönen und sicheren Umgang mit
dem Pferde, zu fördern.

Die Anforderungen, die für die verschiedenen Arten des Reiterabzeichens gelten, sind von der Deutschen Reiterlichen Vereinigung (FN), (Herausgeber: Hauptverband für Zucht und Prüfung deutscher Pferde, Warendorf, e.V.), festgelegt.

Es können folgende Reiterabzeichen erworben werden:
- das Deutsche Jugend-Reiterabzeichen in Bronze
- das Deutsche Jugend-Reiterabzeichen in Silber
- das Reiterabzeichen Klasse III in Bronze
- das Reiterabzeichen Klasse II in Silber
- das Reiterabzeichen Klasse I in Gold

Das Deutsche Jugend-Reiterabzeichen in Bronze

Die Sonderprüfung erstreckt sich auf folgende Teilprüfungen:
a) Fertigkeit im dressurmäßigen Reiten:
   Vorreiten eines beliebigen Pferdes, das den Anforderungen der Kl. A genügen muß, einzeln und in der Abteilung auf Ankündigung nach Weisung der Richter in den drei Gangarten.
   Zäumung: Trense. Ausbindezügel erlaubt.
   Es wird bewertet und verlangt:
   Schritt, Trab und Galopp im Arbeitstempo, Leichttraben, Anhalten aus dem Schritt und Trab, Übergänge von einer Gangart in die andere, Volten und Kehrtwenden, Reiten ohne Bügel. Besonderer Wert ist auf guten Sitz zu legen.
b) Fertigkeit im Reiten über Hindernisse:
   Vorreiten eines beliebigen Pferdes, das den Anforderungen der Kl. A genügen muß, über eine Springbahn mit mindestens acht Sprüngen über wenigstens drei verschiedenartige Hindernisse 0,60 bis 0,90 m hoch.
   Besonders ausschlaggebend ist:
   Sitz und Verhalten des Reiters (Reiterin) unter allen Verhältnissen. Der Reiter (Reiterin) soll beim Springen vor allen Dingen das Pferd in keiner Weise durch Festhalten und Nichteingehen in die Vorwärtsbewegung stören.
   Der Bewerber muß den Parcours nach den entsprechenden Bestimmungen der LPO beenden und eine Stilnote von 5,0 oder besser erreichen.

c) Zäumen und Satteln: Zusammensetzen und Verpassen einer Trense, Auflegen von Trense und Sattel bei einem Pferd, Bandagieren eines Pferdes.

d) Theoretische und praktische Kenntnisse auf dem Gebiet der Reitlehre, der Pferdepflege und Pferdehaltung sowie des Leistungsprüfungswesens.

e) Fachliches Wissen über das Freizeitreiten: Kenntnisse der Besonderheiten in Haltung und Ausbildung von Pferden für die verschiedenen Gebrauchszwecke im Freizeitsport; Tierschutzgesetz; Naturkunde.

Der Bewerber muß in allen Teilprüfungen die Wertnote 5,0 oder besser erreichen.

Das Deutsche Jugend-Reiterabzeichen in Silber

a) Fertigkeit im dressurmäßigen Reiten:
Vorreiten eines beliebigen Pferdes, das jedoch den Anforderungen der Kl. L genügen muß, nach einer Aufgabe für eine Dressurprüfung der Kl. L gemäß Aufgabenheft.
Zäumung: Trense.
Der Bewerber muß die Wertnote 5,0 oder besser erreichen.

b) Fertigkeit im Reiten über Hindernisse:
Vorreiten eines beliebigen Pferdes, das jedoch den Anforderungen der Kl. L genügen muß, über eine Springbahn mit den Anforderungen einer Springprüfung der Kl. L.
Mindestzahl der Hindernisse: in der Bahn 6, im Freien 8.
Mindestzahl der Sprünge: 12.
Wenigstens ein Hochsprung und ein Hochweitsprung bzw. Weitsprung (Graben) sollen die zulässige Höchstanforderung stellen.
Der Bewerber muß den Parcours beenden und eine Stilnote von 5,0 oder besser erreichen.
Die Stilbewertung erfolgt unter besonderer Berücksichtigung der beim DJRA in Bronze aufgeführten Gesichtspunkte.

c) Theoretische Prüfung:
Angemessene Kenntnisse auf dem Gebiete der Reitlehre, der Zäumung und Sattelung sowie der

Pferdepflege und Pferdehaltung.
Der Bewerber muß die Wertnote 5,0 oder besser erreichen.

Anmerkung: Zur Sonderprüfung für das Deutsche Jugend-Reiterabzeichen in Silber werden nur solche jugendlichen Bewerber zugelassen, die mindestens ein Jahr im Besitz des Deutschen Jugend-Reiterabzeichens in Bronze sind.

Sonderprüfungen

für das Deutsche Jugend-Reiterabzeichen kann die Deutsche Reiterliche Vereinigung, jede Formation der Polizei, die einem Landesverband angeschlossenen Reit- und Fahrvereine sowie jede Reit- und Fahrschule und jedes Reitinstitut mit Genehmigung der zuständigen Landeskommission abhalten. Die Termine für Sonderprüfungen sind der zuständigen Landeskommission zu melden, die geeignete Richter nachweist.

Richter für Sonderprüfungen

Zur Abnahme der Sonderprüfung sind nur solche Personen befugt, die berechtigt sind, Prüfungen für das Deutsche Reiterabzeichen Klasse III in Bronze oder Klasse II in Silber abzunehmen.
Jede Sonderprüfung ist durch *zwei* den Bestimmungen entsprechende Richter abzunehmen. Eine Vertretung durch Herren, die nicht den Bestimmungen entsprechen, ist unzulässig.
Das Richteramt dürfen solche Personen nicht ausüben, die als Reitlehrer den betreffenden Bewerber unterrichtet haben bzw. als Reitlehrer oder Leiter an dem Institut tätig sind, bei dem die betreffende Prüfung veranstaltet wird, sowie in einem verwandtschaftlichen Verhältnis zu dem Bewerber stehen oder dessen Verein als Mitglied angehören.
Die Richter haben die Pflicht, vor jeder Sonderprüfung die Teilnahmeberechtigung der Bewerber nachzuprüfen.
Die Beurteilung gilt grundsätzlich nur den Leistungen der Reiterinnen und Reiter selbst, ohne Rücksicht auf die sonstigen Eigenschaften oder Lei-

stungen ihrer Pferde, die jedoch den Anforderungen der betreffenden Klasse (A oder L) voll genügen müssen. Es kann daher von den Richtern ein Pferdewechsel verlangt werden.

In allen Teilprüfungen wird das Richtverfahren nach freiem Ermessen angewandt. In jeder Teilprüfung erhält der Bewerber für seine Leistungen eine Gesamtnote zwischen 10–0 (ausgezeichnet bis nicht ausgeführt). Die Teilprüfungen im dressurmäßigen Reiten und im Reiten über Hindernisse sind an einem Tage abzulegen.

Eine nicht bestandene Prüfung kann erst nach drei Monaten wiederholt werden. Auch bei Nichtbestehen einer Teilprüfung muß die gesamte Prüfung wiederholt werden.

Die Richter haben sich vor jeder Teilprüfung bei den Bewerbern zu vergewissern, daß diese die Sonderprüfung nicht etwa im Verlauf der verflossenen drei Monate erfolglos abgelegt haben.

**Das Deutsche Reiterabzeichen
Klasse III in Bronze**

Die Sonderprüfung erstreckt sich auf folgende Teilprüfungen:

a) Fertigkeit im dressurmäßigen Reiten: Vorreiten eines beliebigen Pferdes, das den Anforderungen der Kl. A genügen muß, nach den Anforderungen einer Dressurprüfung der Klasse A gem. Aufgabenheft. Zäumung: Trense.

b) Fertigkeit im Reiten über Hindernisse: Vorreiten eines beliebigen Pferdes, das den Anforderungen der Kl. A genügen muß, über eine Springbahn nach den Anforderungen einer Springprüfung Klasse A gemäß LPO.
Der Bewerber muß den Parcours nach den Bestimmungen der LPO beenden und eine Stilnote von 5,0 oder besser erreichen.

c) Zäumen und Satteln: Zusammensetzen und Verpassen einer Trense, Auflegen von Trense und Sattel bei einem Pferd, Bandagieren eines Pferdes.

d) Theoretische und praktische Kenntnisse auf dem Gebiet der Reitlehre, der Pferdehaltung sowie des Leistungsprüfungswesens.

e) Fachliches Wissen über das Freizeitreiten: Kenntnisse der Besonderheiten in Haltung und Ausbildung von Pferden für die verschiedenen Gebrauchszwecke im Freizeitsport; Tierschutzgesetz; Naturkunde.

Der Bewerber muß in allen Teilprüfungen die Wertnote 5,0 oder besser erreichen.

Wiederholungsprüfungen für das Deutsche Reiterabzeichen in Bronze

Die Wiederholung der Prüfungen für das Deutsche Reiterabzeichen in Bronze ist möglich. Nach fünf mit Erfolg bestandenen Wiederholungsprüfungen – jeweils höchstens eine im Jahr – kann bei der Deutschen Reiterlichen Vereinigung (FN) gegen Vorlage der entsprechenden fünf Hefte und Angabe der Urkunden-Nummer für die erste Prüfung ein Sonderabzeichen beantragt werden.

Das Deutsche Reiterabzeichen Klasse II in Silber

1. Die Sonderprüfung erstreckt sich auf:

   a) Fertigkeit im dressurmäßigen Reiten:
      Vorreiten eines beliebigen Pferdes, das jedoch den Anforderungen der Kl. L genügen muß, nach einer Aufgabe für eine Dressurprüfung der Kl. L gemäß Aufgabenheft. Zäumung: Kandare mit Unterlegtrense. Der Bewerber muß hierbei die Wertnote 6,5 oder besser erreichen.

   b) Fertigkeit im Reiten über Hindernisse:
      Vorreiten eines beliebigen Pferdes, das jedoch den Anforderungen der Kl. L genügen muß, über eine Springbahn mit den Anforderungen einer Springprüfung der Kl. L gem. LPO. Der Bewerber muß den Parcours nach den Bestimmungen der LPO beenden, eine Stilnote von 6,5 oder besser erreichen und darf nicht mehr als 12 Fehlerpunkte haben.

2. Erfolge bei Pferdeleistungsschauen:

   Bewertet werden nur Ergebnisse von Prüfungen der Kategorien B und A, die im Kalender für Pferdeleistungsprüfungen veröffentlicht sind.

Grundsätzlich wird in Springprüfungen jeder fehlerfreie Ritt gewertet, auch wenn der Teilnehmer nicht plaziert wurde. Der Nachweis ist durch eine Bescheinigung des Veranstalters bzw. des (der) betreffenden Richter(s) zu erbringen.

Verlangt werden:

a) 2 Dressurprüfungen Kl. L mit der Wertnote 6,5 oder besser oder Kl. M mit der Wertnote 5,0 oder besser und
2 Springprüfungen Kl. L oder M oder S, wobei in Kl. L höchstens 4 Strafpunkte, in Kl. M höchstens 8 Strafpunkte und in Kl. S höchstens 12 Strafpunkte gestattet sind, oder

b) 3 Siege in Dressurprüfungen Kl. M oder S mit einer Wertnote von 6,5 oder besser

c) 5 Siege in Springprüfungen Kl. M oder S, oder

d) 1 Sieg in einer Großen Vielseitigkeitsprüfung Klasse L, Klasse M oder Klasse S, oder

e) 2 Siege in einer Vielseitigkeitsprüfung Kl. L. bzw. einer dreiteiligen kombinierten Dressur-, Spring- und Geländeprüfung Kl. L.

3. Rennerfolge:

Bewertet werden nur Siege in Halbblutrennen der Kategorie A oder Vollblutrennen der Kl. A oder B ab dem 1. April 1948. Verlangt werden 20 Siege. Das Deutsche Reiterabzeichen in Silber kann nur von Amateurrennreitern erworben werden.

Das Deutsche Reiterabzeichen Klasse I in Gold

1. Erfolge bei Pferdeleistungsschauen:

Bewertet werden nur Erfolge in Prüfungen der Kategorie A.
Verlangt werden:

a) 3 Siege in Dressurprüfungen Kl. M mit Wertnoten 6,5 oder besser oder zwei Placierungen an 1.–3. Stelle in Dressurprüfungen Kl. S mit Wertnoten 6,5 oder besser;
und
5 Placierungen in Springprüfungen Kl. M an 1.–3. Stelle oder 3 Placierungen in Springprüfungen der Kl. S an 1.–5. Stelle mit höchstens

4 Strafpunkten je Springprüfung
oder

b) 5 Siege in Dressurprüfungen Kl. S mit Wertnoten 6,5 oder besser
oder

c) 10 Siege in Springprüfungen Kl. S bzw. in Springprüfungen eines CHIO – Offizielles Internationales Reitturnier –
oder

d) 1 Placierung an 1.–6. Stelle in der Einzelwertung der Olympischen Reiterspiele
oder

e) 1 Placierung an 1.–3. Stelle bei einem CCIO – Offizielles Internationales Militaryturnier
oder

f) 5 Placierungen an 1.–3. Stelle in Großen Vielseitigkeitsprüfungen der Klasse M oder S. Dabei ersetzt ein Sieg in Klasse S drei, in Klasse M zwei der geforderten Placierungen.

2. Rennerfolge
50 Siege in Halbblutrennen der Kategorie A oder in Vollblutrennen der Kl. A oder B ab dem 1. April 1948.

Durchführung der Sonderprüfungen

Für das Deutsche Reiterabzeichen in Bronze und Silber können die Deutsche Reiterliche Vereinigung (FN), jede Formation der Polizei, die einem Landesverband angeschlossenen Reitervereine sowie die von der Deutschen Reiterlichen Vereinigung (FN) anerkannten Reit- und Fahrschulen, auch Reitinstitute, mit Genehmigung der zuständigen Landeskommission Sonderprüfungen durchführen.
Die Termine für Sonderprüfungen sind der zuständigen Kommission für Pferdeleistungsprüfungen zu melden, die geeignete Richter nachweist.

Richter für Sonderprüfungen

Zur Abnahme der Sonderprüfungen für das Deutsche Reiter-Abzeichen in Bronze und Silber sind nur solche Richter berechtigt, die von den Landeskommissionen oder von der Deutschen Reiterlichen Vereinigung (FN) hierfür besonders anerkannt sind.

Jede Teilprüfung ist durch zwei den Bestimmungen entsprechende Richter abzunehmen.

Die Richter haben die Pflicht, vor jeder Sonderprüfung die Teilnahmeberechtigung der Bewerber nachzuprüfen.

Das Richteramt dürfen solche Personen nicht ausüben, die als Reitlehrer den betreffenden Bewerber unterrichtet haben bzw. als Reitlehrer oder Leiter an dem Institut tätig sind, bei dem die betreffende Prüfung veranstaltet wird, in einem verwandtschaftlichen Verhältnis zu dem Bewerber stehen oder dessen Reiterverein als Mitglied angehören.

Die Beurteilung gilt grundsätzlich nur den Leistungen der Reiter und Reiterinnen selbst, ohne Rücksicht auf die sonstigen Eigenschaften oder Leistungen ihrer Pferde, die jedoch den Anforderungen der betreffenden Klasse (A oder L) genügen müssen. Bei der Teilprüfung Fertigkeit im dressurmäßigen Reiten sind die von der LPO für die Kl. A bzw. L festgelegten Anforderungen zu stellen. Besonderer Wert ist auf guten Sitz zu legen. Maßgebend für die Beurteilung sind die »Anforderungen an das Reiten in Dressurprüfungen« (siehe § 405 der LPO).

Bei der Teilprüfung im Reiten über Hindernisse sind zu bewerten: Sitz und Verhalten des Reiters (der Reiterin) unter allen Verhältnissen. Der Reiter (die Reiterin) soll beim Springen stets sein Pferd beherrschen und darf dieses in keiner Weise durch Festhalten, Nichteingehen in die Vorwärtsbewegung oder durch Verlieren des Gleichgewichts stören.

In den Teilprüfungen wird das Richtverfahren nach freiem Ermessen angewandt. In jeder Teilprüfung erhält der Bewerber für seine Leistungen eine Gesamtnote zwischen 10–0 (ausgezeichnet bis nicht ausgeführt).

Eine nicht bestandene Teilprüfung kann erst nach drei Monaten wiederholt werden, muß aber im Antragsvordruck eingetragen werden.

Die Richter haben sich vor jeder Teilprüfung bei den Bewerbern zu vergewissern, daß diese die gleiche Teilprüfung nicht etwa im Verlauf der verflossenen drei Monate erfolglos abgelegt haben.

Die zu einer Klasse gehörenden verschiedenen Teilprüfungen einer Sonderprüfung müssen innerhalb 12 Monaten erfüllt sein, um einen Anspruch auf Zuerkennung des Abzeichens zu rechtfertigen.

Wertung von Erfolgen bei Pferdeleistungsschauen und Rennerfolgen für Kl. II (Silber) und Kl. I (Gold): Für den Erwerb des Abzeichens haben Erfolge nach dem 1. Januar des Jahres, in dem der Bewerber 19 Jahre alt wird, sonst vom 1. April 1948 ab Gültigkeit.

Es vergeht kein Tag, an dem jeder Reiter nicht noch etwas hinzulernen könnte, von seinem Reitlehrer und seinem Pferde. Von der eigenen Veranlagung, dem Lerneifer, der Geduld, der Ausdauer und der Qualität des Lehrers wird es in erster Linie abhängen, ob die Ausbildung mit gutem oder nur mäßigem Erfolg endet.

In der Reitausbildung tritt aber noch ein zweiter Lehrer hinzu – *das Pferd.*

Für den Anfänger ist ein älteres und gut ausgebildetes Pferd von entscheidender Bedeutung. Es sollte im Temperament ruhig und zuverlässig sein. Nur von einem solchen Pferd kann der Anfänger lernen. Er wird schnell zu ihm Vertrauen finden, eine persönliche Beziehung zu ihm herstellen können. Es ist daher auch gut, wenn der Anfänger über eine längere Zeit das gleiche Pferd reitet. Später ist dann ein Wechsel von Vorteil, um dem Reiter Gelegenheit zu geben, sich auch an verschiedene Pferde zu gewöhnen. Mit dem Wechsel wächst das *Reitergefühl,* das den Reiter befähigt, sich in kurzer Zeit auf ein ihm bisher fremdes Pferd einzustellen. Jedes Pferd ist in seinen Bewegungen, seiner Geschmeidigkeit, seiner Gehfreudigkeit und seinem Temperament anders. Hieraus erklärt sich auch, daß sich nicht jeder Reiter mit jedem Pferd gleich gut abfinden kann. Die Harmonie zwischen Reiter und Pferd stellt sich manchmal sehr schnell, manchmal nur sehr zögernd und manchmal so gut wie gar nicht ein.

Dies schnell zu erkennen, ist eine wesentliche Aufgabe des *Reitlehrers.* Er sollte darum bemüht sein, seine Schüler auf zu ihnen passende Pferde zu setzen. Um so schneller wird der Fortschritt in der Ausbildung erkennbar werden. Daß der Reitlehrer über gründliche theoretische Kenntnisse und praktische Fähigkeiten verfügen muß, ist selbstverständlich. Die Erfahrung lehrt aber manchmal, daß nicht jeder gute Praktiker zugleich auch ein guter Lehrer ist.

So manche Reitausbildung hat schon nach der ersten oder zweiten Reitstunde für immer aufgehört. Und warum? Der Schüler ist mutlos, ja verzweifelt geworden, weil der Reitlehrer es versäumt hat, ihm Mut zu machen und ihm in seiner Hilflosigkeit zu helfen.

Insbesondere bei Anfängern bedarf es eines guten Einfühlungsvermögens seitens des Reitlehrers. Er muß seine Schüler individuell behandeln, weil jeder im Charakter, im Temperament und in der Veranlagung anders ist.

Die Reitausbildung verlangt von jedem Schüler eine gewisse Härte, aber keineswegs nur Härte. Dem Reitlehrer muß es gelingen, diese Härte dadurch auszugleichen, daß er so oft wie möglich auch lobt. Gerade Lob im richtigen Maß und zur rechten Zeit fördert die Freude am Reiten – und auf sie kommt es an.

Die Sprache des Reitlehrers in der Reitstunde ist meistens laut, und sie muß es sein. Das soll nicht

heißen, daß unentwegt gebrüllt werden muß. Keineswegs. Der Schüler ist aber anfänglich so ganz und gar mit seinem Pferde beschäftigt und bemüht, sich auf dem Pferde überhaupt zu halten, daß eine leise Sprache des Reitlehrers gar nicht zu ihm durchdringen würde.

Was der Reitlehrer sagt, muß klar und unmißverständlich sein. Gutes Zureden und, wenn nötig, wiederholtes praktisches Vormachen, werden zwischen Reitlehrer und Schüler sehr bald eine Atmosphäre des Vertrauens herstellen, die wichtig ist, um weitere Lernfortschritte zu erzielen.

Vom Reitlehrer muß weiter verlangt werden, daß er jeden seiner Schüler – es reiten normalerweise 6 bis 8 Schüler in einer Gruppe – gleich behandelt und jede Bevorzugung vermeidet. Sein Augenmerk sollte aber vermehrt den Schülern gelten, die auf Grund einer weniger guten Veranlagung den anderen Schülern gegenüber Schwächen zeigen.

Die Einzelausbildung wird seltener sein, weil sie gegenüber der Ausbildung in der Gruppe zu kostspielig ist. Der Gruppenausbildung ist ohnehin der Vorzug zu geben, weil sie das Gefühl für Kameradschaftlichkeit, Ordnung, Disziplin und Unterordnung fördert.

Wie oft soll ein Anfänger reiten?

Ideal ist es, *jeden Tag* aufs Pferd zu steigen. Das wird nicht in allen Fällen möglich sein, weil Schule oder Beruf es nicht zulassen. Aber es sollte am Anfang *regelmäßig* geritten und längere Unterbrechungen vermieden werden. Es muß sonst damit gerechnet werden, daß sich der lästige Muskelkater immer wieder einstellt, der die ersten Minuten auf dem Pferde nicht gerade zum Vergnügen macht. Nur eine konsequente und regelmäßige Ausbildung führt zum Fortschritt.

Es wird Reitstunden geben, von denen der Schüler beglückt heimkommt, und er wird die nächste Stunde kaum erwarten können. Aber es wird auch Stunden geben, an deren Ende Mutlosigkeit, ja Verzweiflung stehen. Hier sollte der Schüler nicht versäumen, wenn irgendmöglich, ein Gespräch mit dem Reitlehrer zu suchen.

Wer ernsthaft reiten lernen will, muß, wie schon gesagt, *regelmäßig reiten.* Sonst bleibt sein Tun Stückwerk und bedeutet vergeudete Zeit.

Ein Reiter lernt nie aus, selbst wenn er es zu olympischen Erfahrungen gebracht hat. Dafür gibt es eine einleuchtende Erklärung. Kein Reiter wird sich zeitlebens mit nur einem einzigen Pferde beschäftigen, weil die Karriere eines Pferdes, das im Turniersport Verwendung findet und daher täglich intensiv gearbeitet werden muß, in einem Alter von etwa 15 Jahren beendet ist. So werden also mehrere Pferde durch die Hände eines Reiters gehen. Und jedes Pferd ist anders, in seinem Charakter, seinem Temperament, seiner Leistungsfähigkeit und seiner Veranlagung überhaupt. Es heißt also für den Reiter, sich auf jedes Pferd neu einzustellen, es zu begreifen, seine Eigenarten zu erkennen und daraus die richtigen Konsequenzen zu ziehen. Das ist ein echter und nie endender Lernprozeß, in dem nicht zuletzt der Reiz des Reitens liegt.

Um ein Pferd in allen Gangarten gekonnt zu beherrschen, ist eine Zeit von ein bis zwei Jahren erforderlich. Entscheidend ist hierbei auch eine gute Veranlagung zum Reiten. Im Vordergrund muß stets *das dressurmäßige Reiten* stehen. Dieses allein schafft die solide Grundlage für die anderen Arten des Reitsports, das Springen und das Geländereiten. Doch nicht genug damit. Hand in Hand mit der praktischen Arbeit auf dem Reitplatz oder in der Reitbahn geht der *theoretische Unterricht* einher. In ihm erlernt er zunächst die Reitersprache, die Kommandos, die Hufschlagfiguren, die Anatomie des Pferdes, die Gangarten, Pflege und Fütterung des Pferdes, die Pflege von Sattel- und Zaumzeug, die Stallhaltung, die Krankheiten des Pferdes und ihre Behandlung und noch vieles mehr.

Im Unterricht wird dem Schüler auch begreiflich, warum überhaupt eine so lange Zeit für die Ausbildung eines Pferdes aufgewendet wird. Es soll ein zuverlässiger und williger Helfer des Menschen sein, soll ihm freudig gehorsam sein. Um diese Aufgaben zu erfüllen, bedarf es einer planmäßigen gymnastischen Durchbildung und einer sorgfältigen und liebevollen Erziehung. Dieses nennt man dann *Dressur.* Eine solche Durchbildung in der Dressur hat noch zwei bedeutende Effekte: das Pferd wird

Wie lange dauert die Reitausbildung?

durch eine seinen Fähigkeiten entsprechende Dressur in seiner äußeren Erscheinung schöner und harmonischer, und es wird seine Lebensdauer verlängert.

Jeder Reiter, der schließlich das Bestreben hat, sich im Turniersport zu betätigen, wird sich auf einen längeren Weg einstellen müssen. Dieser Weg führt nur durch intensives Training zum Ziel.

Und das erste Ziel auf diesem Weg sollte sein, das Deutsche Reiterabzeichen zu erwerben.

Gutes Zureden und praktisches Vormachen werden zwischen Reitlehrer und Schüler sehr bald eine Atmosphäre des Vertrauens herstellen.

Die Grundlagen Teil 2

Das Voltigieren

Je früher ein Kind oder ein Jugendlicher den Weg zum Pferde findet, umso schneller wird aus ihm ein wirklicher Reiter werden. Und der erste Schritt auf diesem Wege ist zweifellos das Voltigieren. So mancher erinnert sich aus seiner Schulzeit an die erste Begegnung mit einem »Pferd«, das aus Holz bestand und mit Leder bezogen war. Da gab es eine große Zahl an Übungen, die den Körper kräftigten und auch Mut erforderten. Man kann dieses Turnen am hölzernen Pferd getrost als Vorläufer des heutigen Voltigierens bezeichnen.

Aber wieviel reizvoller ist heutzutage das Turnen an und auf einem lebendigen Pferd! Viele werden es nicht wissen: schon im Jahre 1920 war das Voltigieren bei den Olympischen Spielen in Antwerpen als Wettkampf ausgeschrieben. Das hat sich zwar nicht wiederholt, aber auch bei den Olympischen Spielen 1972 in München haben fünf Voltigiergruppen der Spitzenklasse aus dem Bundesgebiet ihre großartigen Leistungen in einer Schaunummer, in den olympischen Farben gekleidet, unter Beweis gestellt und dafür großen Beifall geerntet.

Welchen Aufschwung das Voltigieren genommen hat, und welche Bedeutung ihm zugemessen wird, geht daraus hervor, daß seit nunmehr 14 Jahren Deutsche Meisterschaften der Voltigiergruppen durchgeführt werden. Auch im Ausland hat das Voltigieren inzwischen Eingang gefunden, so in Dänemark, Frankreich, Holland, Israel und den USA.

Eine Vielzahl junger Menschen kann auf diesem Wege zum ersten Umgang mit dem Pferde gelangen und sich für den Reitsport begeistern.

Die Scheu vor dem Pferde, das ja für ein Kind ein Riese ist, schwindet schnell, es stellt sich das *Vertrauen* zum Pferde ein, das von Natur aus gutartig ist. Sehr bald lernt das Kind, das *Gleichgewicht* auf dem Pferderücken zu finden. Und das bedeutet schon einen guten Schritt vorwärts. Das Gleichgewicht ist die beste Grundlage für eine spätere reiterliche Ausbildung.

Was sind Sinn und Ziel des Voltigierens?

Jugendliche, die im laufenden Kalenderjahr mindestens 10 Jahre alt sind, aber noch nicht 17 Jahre alt werden, können das **Deutsche Voltigierabzeichen** in einer Sonderprüfung erwerben, in Bronze und in Silber.

Für das Abzeichen in **Bronze** muß in allen 6 Pflichtübungen auf galoppierendem Pferd – Grundsitz, Fahne, Mühle, Flanke, Stehen, Schere – mindestens die Wertnote 5,0 erreicht werden. Es gelten nur volle Noten.

Für das Abzeichen in **Silber**, das nach frühestens einjährigem Besitz des Abzeichens in Bronze erworben werden kann, muß in den Pflichtübungen mindestens die Durchschnittsnote 7,0 erreicht werden, wobei keine einzelne Wertnote unter 5,0 liegen darf. Es gelten nur volle Noten.

Die Verleihung erfolgt durch die FN.

Etwa 15 Kinder können an einem Pferd beschäftigt werden, und ein Voltigierpferd reicht für 50 bis 60 Kinder für wöchentliche Übungen aus.

Die Übungen beginnen am ruhig stehenden Pferde, werden in der Bewegung im Schritt fortgesetzt und finden ihre volle Erfüllung im galoppierenden Pferd. Der *ganze* Körper wird durchgearbeitet. Es wächst die Sicherheit und Gewandtheit. Und alles geschieht ohne Verkrampfung und spielerisch. Anfängliche Zaghaftigkeit verwandelt sich in Mut.

Ein Kind, das diesen Weg geht, bringt für eine dann folgende, reiterliche Ausbildung gute Voraussetzungen mit und wird schnellere Fortschritte machen. Aber auch die Kinder, die aus mancherlei Gründen den Reitsport später nicht betreiben können, haben durch das Voltigieren ein Verhältnis zum Pferde gefunden, das sie zeitlebens begleitet. Voltigieren, für das ein Alter von 8 bis 14 Jahren günstig ist, ist ein Sport, der in der Gemeinschaft ausgeübt wird. Hierin liegt auch ein hoher erzieherischer Wert.

Natürlich stellt sich die Frage, welche Kosten mit dem Voltigieren verbunden sind. Sie sind geringfügig, denn in der warmen Jahreszeit genügen Sporthose und Sporthemd und in der kälteren Jahreszeit ein Trainingsanzug. In den meisten Reitervereinen zahlen die Kinder nur einen ganz geringen Betrag. Vielfach ist das Voltigieren sogar kostenlos. Diese Vergünstigungen haben einen guten Grund: die Vereine sehen in ihren Voltigier-Kindern ihren reiterlichen Nachwuchs, dessen Förderung nicht früh genug beginnen kann.

Für Anfänger, die sich dem Voltigieren nicht widmen konnten, können Sitzübungen auf einem vom Reitlehrer *an der Longe* geführten Pferd eine wertvolle Vorbereitung auf die eigentliche Reitausbildung sein. Das Pferd bewegt sich dabei im Kreise um den Reitlehrer herum. Der Schüler kann sich ganz auf seinen Sitz konzentrieren und auf jede eigene Einwirkung auf das Pferd verzichten. Die Übungen beginnen im Schritt und werden im Trabe und im Galopp fortgesetzt. Nach wenigen Stunden wird sich das Gefühl für das Gleichgewicht festigen. Der Schüler wird sich aus seiner anfänglichen Verkrampfung lösen und allmählich losgelassen sitzen. Auch Freiübungen verschiedenster Art fördern die Losgelassenheit und Sicherheit zu Pferde.

Gymnastik auf dem Pferd

Eine gewisse erwartungsvolle Spannung liegt über allen Schülern, die noch nicht durch Voltigieren mit dem Pferde Bekanntschaft gemacht haben. Alles ist neu, noch fremd, insbesondere die Sprache des Reitlehrers, denn er spricht in der *Reitersprache*. Da gibt es eine Fülle von Ausdrücken, mit denen der Anfänger noch nichts anzufangen weiß.

Und dann heißt es: Aufsitzen. Der große Augenblick, in dem der Schüler zum ersten Mal auf einem Pferde sitzt, ist gekommen. Das sichere Gefühl, mit beiden Beinen auf der Erde zu stehen, ist dahin, aber gewiß nur bis zu dem Tage, an dem die Sicherheit auch auf dem Rücken eines Pferdes erreicht ist.

Gleich geht es weiter. Es werden Freiübungen gemacht: Armkreisen vorwärts und rückwärts, Drehen des Kopfes und des Rumpfes nach rechts und links, Vorwärts- und Rückwärtsbeugen des Rumpfes und viele andere mehr. Zweck dieser Übungen ist es, das Gleichgewicht zu bewahren und völlig entspannt auf dem Pferde zu sitzen. Der Blick soll immer nach vorwärts gerichtet sein und nicht ängstlich auf dem Hals oder Kopf des Pferdes ruhen. Der Schüler soll bemerken, was um ihn herum vorgeht, genau so, wie wenn er einen Spaziergang machen würde.

Dann kommt das Kommando des Reitlehrers: Im Schritt anreiten! Die Lehrpferde kennen das Kommando und werden sich in Bewegung setzen. Mit einem leichten Anlegen der Schenkel an den Pferdeleib kann der Anfänger hier schon aktiv einwirken. Die Pferde gehen dann dicht hintereinander. In der Reitersprache heißt das: Kopf an Schweif.

Dem Schüler vermittelt der *Schritt* das Gefühl für die erste der drei Gangarten. Um die anfängliche Unsicherheit schnell zu überwinden, kann er in die Mähne greifen. Ebenso kann er vorn in den Sattel greifen. Wie im Halten, werden nun auch Freiübungen gemacht, die ebenfalls der Wahrung und Verbesserung des Gleichgewichts und der Entspannung dienen. Alles soll zwanglos und unbeschwert sein, denn nur dann ist ein geschmeidiges Mitgehen mit den Bewegungen des Pferdes möglich. Am Ende der ersten Reitstunde wird der Reitlehrer seinen Schülern auch schon einen *Trab* zumuten können, die zweite Gangart des Pferdes. Auch hier empfehlen sich nach einer gewissen Gewöhnung

Freiübungen. Gerade in dieser Gangart kommt es auf Geschmeidigkeit des Reiters an, um dem Auf- und Abschwingen des Pferderückens folgen zu können.

Der Anfänger mag es als eine Erschwerung empfinden, sogleich mit Steigbügeln reiten zu müssen. Eine lange Erfahrung lehrt aber, daß die Steigbügel ihm das Gefühl eines Haltes vermitteln und damit das Gefühl der Sicherheit erhöhen. Für die erste Zeit der Ausbildung ist ein Reitanzug, wie er für die Teilnahme an Turnieren vorgeschrieben ist, nicht erforderlich. Wichtig ist aber, daß die Hose – es kann auch eine lange Hose sein – bequem ist und in der Sitzfläche keine Falten schlägt. Sie darf im Knie nicht spannen. Reitstiefel sollen einen weichen und genügend langen Schaft haben. Zu kurze Schäfte haken leicht am unteren Rand der Sattelblätter und stören den Reiter in seinem Sitz.

In den folgenden Reitstunden wird sich der Reitlehrer darauf beschränken, seinen Schülern das Gefühl für Schritt und Trab zu vermitteln. Mit jeder Stunde werden Vertrauen zum Pferde und Sicherheit im Sitz wachsen und jede Spannung verschwinden. Nach angemessener Zeit lernen die Schüler dann den *Galopp* kennen, die dritte und schönste, zugleich für den Reiter neben dem Schritt bequemste Gangart. Auch hier tragen dann Freiübungen dazu bei, dem Schüler jede Verkrampfung zu nehmen, sich den wiegenden Bewegungen des Pferdes anzupassen.

Aufsitzen

erfolgt immer von der *linken* Seite des Pferdes. Die an ihren Enden zusammengeschnallten oder zusammengenähten Zügel der Trense liegen auf dem Pferdehals.

Der Reiter steht zunächst links neben seinem Pferde. Zum Aufsitzen macht er eine Rechtsdrehung von 180 Grad, so daß seine linke Schulter jetzt zum Pferde zeigt. Die linke Hand ergreift beide Zügel über dem Mähnenkamm so, daß der linke Zügel zwischen dem kleinen Finger und dem Ringfinger und der rechte Zügel in der vollen Hand liegt. Beide Zügel sollen Verbindung mit dem Pferdemaul haben, der rechte ein wenig mehr als der linke.

Die linke Hand greift fest in die Mähne. Der linke

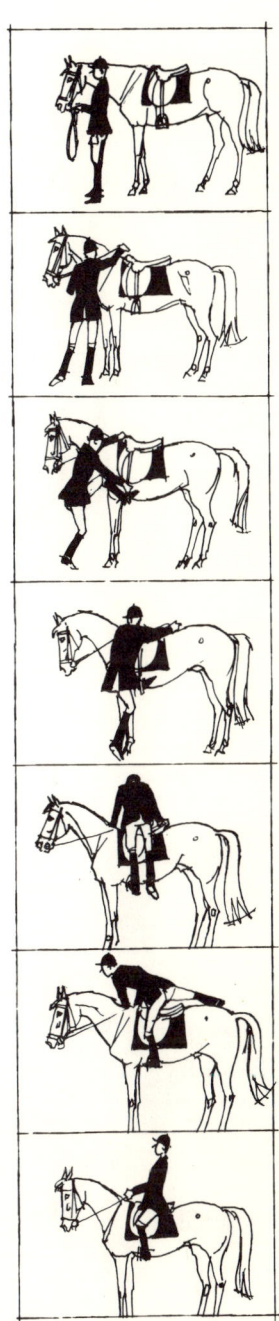

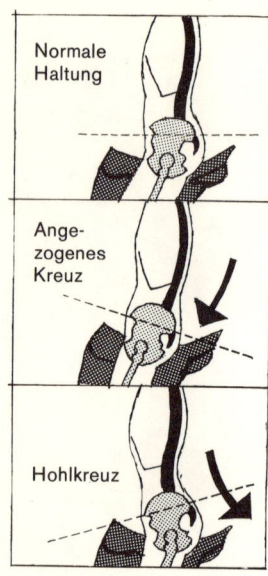

Normale
Haltung

Ange-
zogenes
Kreuz

Hohlkreuz

Fuß wird bis über den Fußballen hinaus in den Bügel gesteckt und das linke Knie an den Sattel gelegt. Hierbei soll die Fußspitze den Pferdeleib nicht
berühren. Dann federt sich der Reiter mit dem rechten Fuß vom Erdboden ab und ergreift mit der rechten Hand den Sattelrand. Er schwingt das rechte
Bein über die Kruppe des Pferdes und läßt sich
mit Hilfe einer kurzen Abstützung auf dem Vorderzwiesel mit der rechten Hand *weich in den Sattel
gleiten.* Der rechte Fuß wird in den Bügel gesetzt,
die Zügel werden geordnet.

Absitzen
Der Reiter nimmt beide Trensenzügel in die linke
Hand, die Zügel stehen an. Die linke Hand stützt
sich auf die Mähne, die rechte Hand auf den Vorderzwiesel. Er läßt den rechten Bügel los und verlagert das Gewicht auf den linken Bügel. Er hebt
sich aus dem Sattel, schwingt das rechte Bein über
die Kruppe und läßt sich unter einer Körperdrehung
von 180 Grad federnd auf das rechte Bein nieder,
wobei das linke Knie fest am Sattel liegen bleibt.
Der linke Fuß wird aus dem Sattel genommen. Nach
einer Linkswendung steht der Reiter korrekt neben
seinem Pferde.
Ist das Pferd auf *Kandare* gezäumt, so nimmt der
Reiter alle vier Zügel in die linke Hand. Die Trensenzügel haben Verbindung mit dem Pferdemaul, der
rechte etwas mehr als der linke. Danach vollzieht
sich das Aufsitzen wie bei Zäumung auf Trense und
sinngemäß das Absitzen.
Das Pferd soll so erzogen sein, daß es beim Aufsitzen und Absitzen völlig ruhig steht und sich erst
in Bewegung setzt, wenn der Reiter die entsprechenden Hilfen gibt.

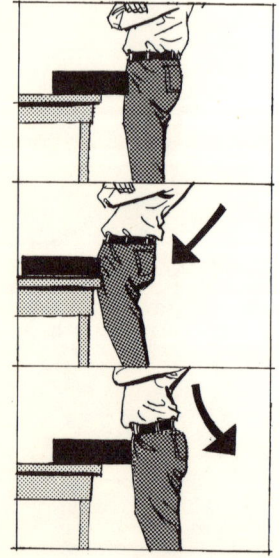

Die Einwirkung mit dem Kreuz des Reiters

Die grundlegenden Zäumungsarten eines Pferdes sind die Zäumung auf *Trense* und die Zäumung auf *Kandare*. Junge Pferde werden immer auf Trense geritten. Frühestens nach einer einjährigen Ausbildung beginnt die Gewöhnung an die Kandare und die Arbeit auf Kandare.

Richtig!
Fäuste aufrecht

Beim *Reiten auf Trense* werden die unverdrehten und gleich langen Zügel zwischen dem kleinen und dem Ringfinger so ergriffen, daß die glatte Lederseite nach außen zeigt. Es ist heute die Regel, daß die Trensenzügel an ihrem Ende zusammengeschnallt oder zusammengenäht sind. Herunterhängend, bilden die Zügelenden also eine Schlaufe. Diese hängt unter dem rechten Zügel herab.
Besonders wichtig: die Fäuste sind geschlossen. Die ein wenig gekrümmten Daumen drücken die Zügel auf die Zeigefinger. Hierdurch liegen die Zügel in der gewünschten Länge in der Hand des Reiters. Eine »offene Hand« des Reiters hat zur Folge, daß sich das Zügelmaß häufig ändert. Der Reiter ist gezwungen, ständig das Zügelmaß zu korrigieren. Man nennt es »Nachfassen«. Hierdurch entsteht Unruhe, die die ständige und feine Verbindung zwischen Reiterhand und Pferdemaul beeinträchtigt und damit den Erfolg der Arbeit überhaupt in Frage stellt.

Falsch!
Fäuste verdeckt

Beim *Reiten auf Kandare* war es früher üblich, nach der Methode 3 zu 1 zu reiten. Die linke Hand führte den linken Trensenzügel und beide Kandarenzügel. Die rechte Hand führte den rechten Trensenzügel. Von dieser Methode ist man seit einigen Jahren nahezu vollständig abgekommen. Man reitet heute mit *geteilten Zügeln*. Hierbei führt jede Hand je einen Trensen- und Kandarenzügel.

Falsch!
Handgelenke nach außen verdreht

Der Trensenzügel verläuft unverdreht unter dem kleinen Finger, der Kandarenzügel unverdreht zwischen dem kleinen und dem Ringfinger. Beide Zügel liegen in der geschlossenen Faust glatt übereinander und treten über der Mitte des Zeigefingers aus der Hand heraus. Die leicht gekrümmten Daumen drücken auf die Zeigefinger. Die Enden aller vier Zügel – sie sind beim Reiten auf Kandare immer zusammengeschnallt oder zusammengenäht – hängen rechts vom Widerrist des Pferdes, und zwar innerhalb des rechten Zügelpaares herab.

Falsch!
Fäuste weit auseinander und verdreht

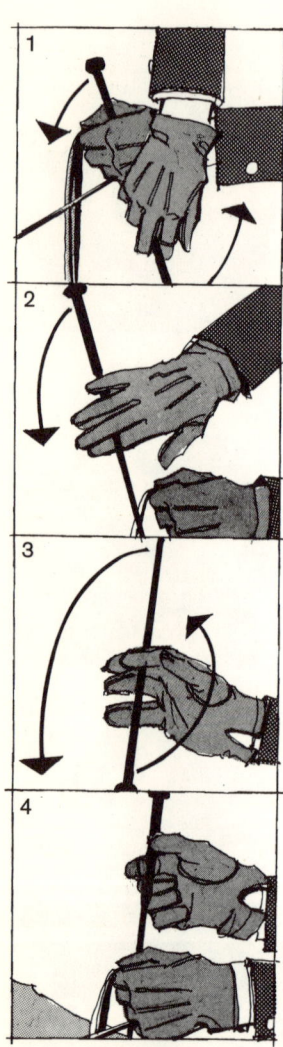

Gertenwechsel von links nach rechts mit der Dressurgerte

Beim Reiten auf Kandare muß die *Trense immer vorherrschen!* Ein Reiter, der überwiegend von der Kandare Gebrauch macht, wird sein Pferd sehr bald im Maul unempfindlich machen. Das Pferd wird dann auf Zügelhilfen kaum noch reagieren. Es bekommt, wie man in der Reitersprache sagt, ein »totes Maul«. Es kaut nicht. Während die Trense – sie hat ein gebrochenes Gebiß von etwa 1,5 cm Durchmesser am äußeren Ende – verhältnismäßig weich auf das Pferdemaul einwirkt, wirkt die Kandarenzäumung wesentlich stärker ein. Die Trense – sie heißt hier Unterlegtrense – ist dabei dünner als die normale Trense und hat dadurch schon eine etwas stärkere Wirkung. Die Kandare hat ein ungebrochenes Gebiß, man nennt es Stangengebiß. In seiner Mitte befindet sich die sogenannte »Zungenfreiheit«, eine Ausbuchtung, die dem Pferde die Bewegung der Zunge ermöglichen soll. Die Kandare soll so im Pferdemaul liegen, daß bei feinem Annehmen der Zügel zwischen Maulspalte des Pferdes und unterem Ende der Kandare ein Winkel von 45 Grad gebildet wird. Die richtig eingelegte Kinnkette sorgt für die richtig anstehende Kandare.

Die Kandare hat also eine Hebelwirkung, die um so stärker ist, je mehr der Reiter den Kandarenzügel annimmt.

Es bedarf einer besonders sorgfältigen und längeren Ausbildung, bis der Reiter den richtigen Gebrauch der Kandare erlernt hat. Die Kandare verführt leicht dazu, von den Zügelhilfen zuviel Gebrauch zu machen und dabei die treibenden Hilfen zu vernachlässigen.

Korrekte Handhaltung mit Gerte

Sporen gehören zum Reitanzug, sind aber keine Dekoration. Ein Reiter trägt sie nur, solange er zu Pferde sitzt.

Der Anfänger reitet zunächst ohne Sporen, und zwar so lange, bis er gelernt hat, zwanglos, ohne Festklemmen mit den Unterschenkeln, zu Pferde zu sitzen. Später wird er die Sporen anlegen können. Sie sind ein *Hilfsmittel* und sollen ihn bei den treibenden Hilfen mit den Schenkeln unterstützen. Dabei ist ein *sparsamer* Gebrauch der Sporen wichtig. Ein häufiger oder gar ständiger Einsatz der Sporen stumpft ein Pferd schnell ab.

Wie ein Reiter sich erst allmählich an den richtigen Gebrauch der Sporen gewöhnt, muß auch ein Pferd mit Vorsicht mit dem Sporn vertraut gemacht werden. Der Sporn soll in erster Linie anregend und aufmunternd auf das Pferd wirken. Das Strafen mit dem Sporn sollte möglichst vermieden werden.

Die *Reitgerte* ist ebenfalls ein *Hilfsmittel*, das zur Verstärkung der treibenden Schenkelhilfen eingesetzt wird. Sie wird, wenn erforderlich, hinter dem Schenkel eingesetzt. Oft genügt schon ein leichtes Anlegen an den Pferdeleib. Ein zu häufiger Gebrauch der Reitgerte ist zu vermeiden, weil das Pferd leicht abstumpft und der Reiter vergißt, sich in erster Linie seiner Schenkel als treibende Hilfe zu bedienen. Die Reitgerte soll beim Dressurreiten etwa 1 m, beim Springen nicht länger als 80 cm lang sein und nur wenig nach oben aus der Zügelfaust herausragen. Sie wird grundsätzlich von der Zügelfaust getragen, die dem Innern der Reitbahn oder des Reitplatzes zugewandt ist. Bei einem Handwechsel wechselt auch die Reitgerte in die andere Hand über. Das Wechseln der Reitgerte soll so erfolgen, daß das Pferd hierbei nicht gestört wird, d. h. daß die Verbindung zwischen Reiterhand und Pferdemaul nicht unterbrochen wird.

Der richtige Gebrauch der Reitgerte nützt dem Reiter, der falsche Gebrauch stellt die Ausbildung von Reiter und Pferd in Frage. Gerade junge Pferde müssen behutsam an das Mitführen der Reitgerte gewöhnt werden. Durch leichtes Anlegen an allen Körperteilen und Vorbeiführen der Reitgerte beiderseits von Hals und Kopf, anfangs im Halten, danach in der Bewegung, wird das junge Pferd schnell jede Scheu vor der Reitgerte verlieren.

Sitz der Sporen:

falsch   richtig

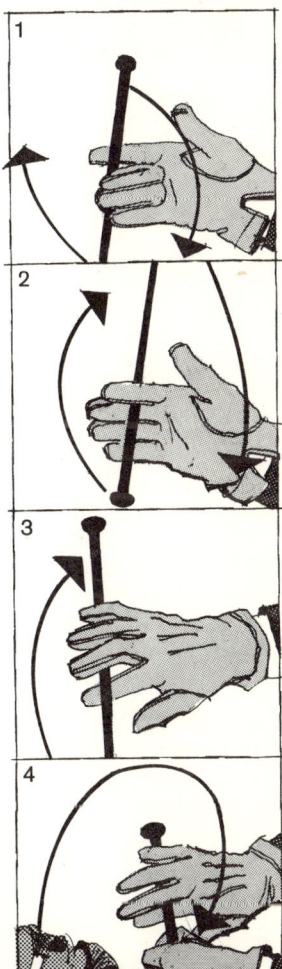

Gertenwechsel von rechts nach links

Korrekter Sitz

Spaltsitz

Stuhlsitz

Lange Beine und ein kurzer Oberkörper des Reiters begünstigen den Sitz. Grundlage des Sitzes sind die beiden Gesäßknochen und der Spalt. Das Gesäß ruht mit losgelassenen Muskeln auf dem tiefsten Punkt des Sattels. Der Spalt soll weit geöffnet sein, damit die Berührungsfläche zwischen dem Körper des Reiters und dem Pferderücken möglichst groß wird. Der Reiter soll richtig am Pferde »kleben«. Die Oberschenkel liegen *flach* an, um auch möglichst viel Berührungsfläche am Pferdeleib zu finden. Hier treten anfänglich Schwierigkeiten auf, die z. B. durch häufig zu übende Drehungen aus der Hüfte heraus behoben werden können (siehe Gymnastik S. 28). Ein flacher Oberschenkel bewirkt zugleich ein *flaches* Knie, das möglichst tief und fest anliegen soll. Ein solches Knie ist eine wesentliche Voraussetzung für einen korrekten Sitz. Die Unterschenkel sind je nach ihrer Länge schräg rückwärts und *flach* am Pferdeleib angelegt. Die Fußspitzen zeigen leicht nach außen.

Der Oberkörper ist senkrecht aufgerichtet, die Schulterblätter sind leicht und ohne Anspannung zusammengenommen. Der Kopf des Reiters wird aufrecht getragen, der Blick ist über den Pferdekopf nach vorwärts gerichtet.

Die Oberarme hängen zwanglos herab, das Gelenk zwischen Ober- und Unterarm (Ellenbogen) liegt leicht an der Hüfte an. Die Winkelung zwischen Ober- und Unterarm soll so bemessen sein, daß Unterarm und Zügel nahezu eine gerade Linie bilden.

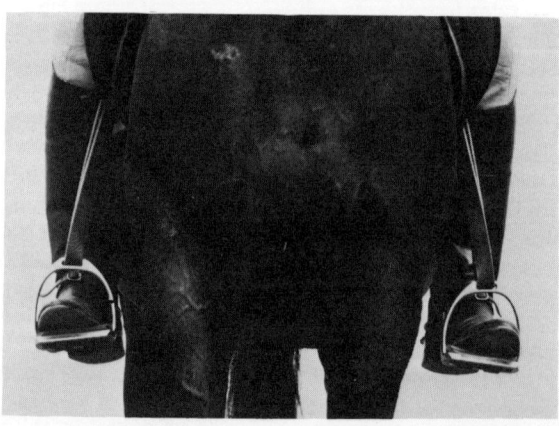

Korrekte Unterschenkellage

Die Fäuste werden fast senkrecht getragen, wobei die kleinen Finger ein wenig mehr zueinanderstehen. Sie stehen beiderseits des Widerrists und etwa eine Handbreit über diesem. *Die Reiterfaust ist immer geschlossen!* Annehmen und Nachgeben der Zügel erfolgt ausschließlich aus einer Einwärtsdrehung des Handgelenks.

Schulter, Hüfte und Absatz bilden eine Senkrechte. Die Bügel sollen so verschnallt sein, daß der Reiter sie mühelos mit dem Fußballen aufnehmen und halten kann, bei federndem Fußgelenk. Der Absatz, leicht heruntergedrückt, bildet den tiefsten Punkt des Reiters.

Richtig aufgenommene Steigbügel

Mängel im Sitz, die die Einwirkung des Reiters beeinträchtigen und das äußere Bild stören:

- Schiefgehaltener oder nach vorn gesenkter Kopf
- Hochgezogene Schultern
- Krummer Rücken oder hohles Kreuz
- Einknicken in der Hüfte
- Hohes Knie (Stuhlsitz)
- Gestrecktes Knie (Spaltsitz)
- Offenes Knie. Man kann zwischen Sattel und Knie hindurchsehen. Der Reiter hat dadurch einen unruhigen Sitz, der die Einwirkung wesentlich beeinträchtigt.
- Deutlich nach außen zeigendes Fußgelenk
- Hochgezogener Absatz
- Zu hohe und verdrehte Fäuste
- Offene Fäuste

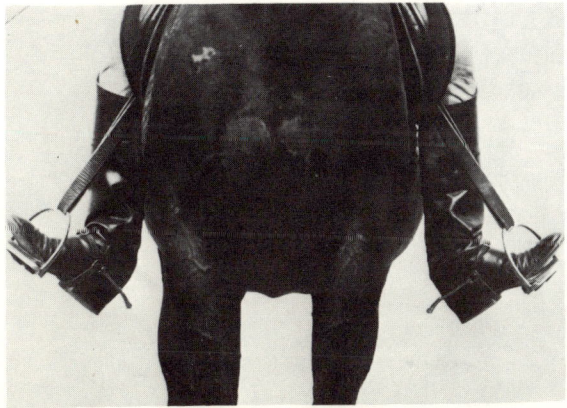

Abgespreizte Unterschenkel und Fußspitzen, offene Knie

Die Kraft, die ein Pferd für die Überwindung eines Sprunges braucht, kommt aus der Hinterhand und aus dem Rücken. Der Reiter muß daher beide im Sprunge entlasten. Dies geschieht dadurch, daß er im »leichten Sitz« reitet. Beim Anreiten eines Sprunges hat das Gesäß des Reiters nur noch eine leichtere Verbindung mit dem Sattel, d. h. der Reiter verlegt sein Gewicht mehr nach vorn und entlastet dadurch die Hinterhand. Die Einwirkung des Kreuzes bleibt erhalten. Der Oberkörper ist leicht vorgebeugt. Im Sprunge selbst löst sich das Gesäß ganz vom Sattel und gestattet dem Pferde dadurch das Aufwölben des Rückens.

Die Knie des Reiters liegen fest an, bei flachen Oberschenkeln. Oberschenkel und Knie sind der Haltepunkt im Sprunge. Die Bügel sind 2 bis 3 Löcher kürzer geschnallt. Dadurch liegt das Knie höher als im Dressursitz. Die Unterschenkel zeigen etwas nach schräg-rückwärts und liegen am Pferdeleib an, mit ihrem unteren Teil dicht hinter dem Sattelgurt.

Die geschlossenen Fäuste gehen im Sprunge in Richtung auf das Pferdemaul vor, um dem Pferd die volle Dehnung in Hals und Kopf nach vorwärts zu ermöglichen. Dabei bleibt die Verbindung zwischen Reiterhand und Pferdemaul, die Anlehnung, erhalten. Die ständige Anlehnung ist deshalb besonders wichtig, weil sie dem Reiter ermöglicht, mit seinem Pferde den nächsten Sprung ohne Mühe anzureiten, oder auch sein Pferd am Fallen – das Pferd verliert nach dem Sprung die Beine, wie es in der Reitersprache heißt – zu hindern.

1 Richtige Schenkellage beim Dressurreiten

2 Richtige Schenkellage mit verkürztem Bügel beim Springreiten

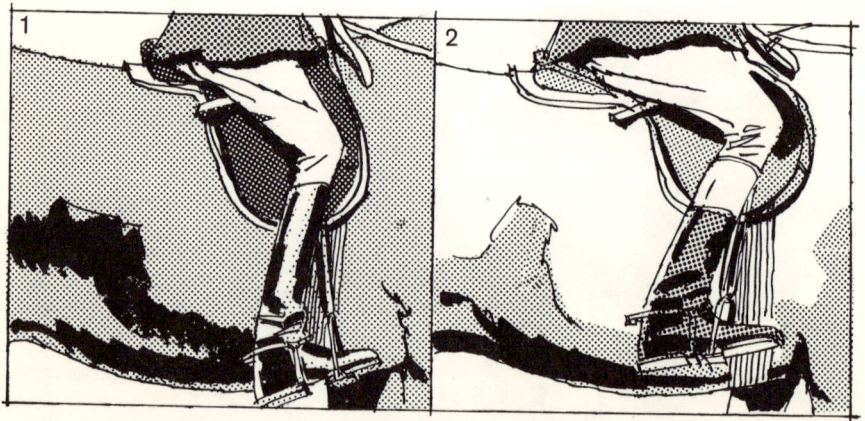

Korrekter Sitz

Falsch: Reiter nicht genügend vom
Sattel gelöst, zu hohe Hände

Falsch: Der Reiter steht auf, Unterschenkel zu weit zurück

Falsch: Reiter löst sich nicht vom
Sattel, bleibt hinter der Bewegung zu-
rück, Unterschenkel falsch vorgestreckt –
Pferd springt ohne Rücken

Falsch: Der Reiter beugt sich zu weit
seitwärts am Pferdehals, Unterschenkel
viel zu weit zurück – Pferd wird im
Gleichgewicht gestört

Falsch: Reiter löst sich nicht vom
Sattel, Arme abgespreizt

Hier gelten beim Überwinden von Hindernissen die gleichen Grundsätze. Die Bügel sind hier etwas kürzer als beim Dressurreiten geschnallt. Im Trabe wird grundsätzlich nur leicht getrabt.

Beim Hinaufreiten auf einen Hang – man nennt es Klettern bergauf – ist das Gesäß vom Sattel gelöst, der Oberkörper deutlich nach vorn geneigt, um die Hinterhand des Pferdes zu entlasten. Oberschenkel, Knie und Unterschenkel liegen am Pferdeleib an, um zu gewährleisten, daß das Pferd *senkrecht zum Hang* klettert. Die Zügel stehen leicht an. Der Pferdehals ist gedehnt. Ein schräges Klettern im steilen Gelände kann leicht zum Sturz von Pferd und Reiter führen. Flache Hänge können im Schritt, Trab und im Galopp überwunden werden. Bei steilen Hängen wird grundsätzlich im Schritt geklettert, weil das Klettern einen besonderen Kraftaufwand des Pferdes erfordert.

Klettern bergauf im Schritt –
steiler Hang

Beim Hinunterklettern von einem Hang – man nennt
es Klettern bergab – bleibt das Gesäß im Sattel,
der Oberkörper ist nur ganz leicht nach vorn geneigt,
um die Vorhand nicht zu belasten und dadurch ihren
freien Vortritt nicht zu behindern. Oberschenkel,
Knie und Unterschenkel liegen am Pferdeleib an,
um zu sichern, daß das Pferd *senkrecht zum Hang*
bergab klettert. Ein Ausweichen nach rechts oder
links könnte auch hier zum Sturz führen. Die Zügel
stehen sicher an, der Pferdehals ist gedehnt.

Flache Hänge können im Schritt, Trab und im Galopp überwunden werden, steile Hänge werden
grundsätzlich im Schritt überwunden, weil sich das
Pferd beim Galoppieren möglicherweise über-
schlagen könnte.
Grundlage für das Geländereiten ist und bleibt die
Dressur, durch die das Pferd zum Gehorsam erzogen wird. Und wirkliche Freude im Gelände kann
nur ein gehorsames Pferd vermitteln.

Im Gelände sollte der Reiter immer auf die Boden-
beschaffenheit achten und danach die Gangart ein-
richten. Auf steinigen oder holperigen Wegen wird
Schritt geritten, in der Ebene kann getrabt und galoppiert werden. Wasserläufe und kleinere Wasser-

Klettern bergab im Schritt

ansammlungen werden im Schritt überwunden. Ein
weiterer Grundsatz lautet: trocken aus dem Stall
und trocken in den Stall! Das bedeutet, daß der
Reiter eine angemessene Wegstrecke vor Erreichen
des Stalles im Schritt reitet, um das Pferd mit trocke-
nem Haar und bei ruhiger Atmung in den Stall führen zu können.

Klettern bergauf im Schritt –
mäßig steiler Hang

Die reiterliche Einwirkung auf das Pferd erfolgt durch die *Hilfen* des Reiters. *Treibende Hilfen* werden mit Gewicht und Schenkeln, *verhaltende Hilfen* mit den Händen bewirkt, wobei stets die treibenden Hilfen überwiegen. Schenkelhilfen können auch *verwahrend* sein. Das sinnvolle Zusammenwirken aller Hilfen wird Harmonie der Hilfengebung genannt. Ist diese Harmonie erreicht, so zeigt das Pferd die in der Dressur erwünschte Haltung, den richtigen Rahmen, in dem das Pferd zur Beherrschung und zu höchster Kraftentfaltung geführt werden kann.

Gewichtshilfen Wie schon der Name sagt, wirkt hier der Reiter mit seinem Körpergewicht auf den Pferderücken, die Brücke zwischen Hinterhand und Vorhand, ein. Er schiebt mit dem Gewicht das Pferd gewissermaßen vorwärts, wobei die Schenkel unterstützend wirken. Wichtig ist hierbei, den eigenen Schwerpunkt mit dem des Pferdes in Übereinstimmung zu halten, um dem Pferde zu ermöglichen, im Gleichgewicht zu bleiben. Eine entscheidende Einwirkung ist das sogenannte »Anziehen des Kreuzes«, das durch die unteren Wirbel der Wirbelsäule ausgeübt wird, d. h. das Kreuz wird vorgeschoben. Dadurch verstärkt sich der Druck der Gesäßknochen auf den Pferderücken und wirkt treibend. Anfänglich wird das Anziehen des Kreuzes durch leichtes Zurücknehmen des Oberkörpers sichtbar sein. Später, nach immerwährender Übung, soll diese Einwirkung unsichtbar sein, auch bei Gewichtsverlagerungen. Beim Reiten von Wendungen soll sich das Gewicht mehr auf den inneren Gesäßknochen verlagern, ohne daß der Reiter dabei in der Hüfte einknickt.

Schenkelhilfen Die Schenkel, flach am Pferdeleib liegend, wirken auf die gleichseitigen Hinterbeine des Pferdes, je nach Lage der Unterschenkel, treibend oder verwahrend ein.
Die treibenden Schenkel liegen *am* Sattelgurt, das heißt, daß der vordere Rand des Stiefelschaftes mit dem hinteren Rand des Sattelgurtes abschneidet. Die treibende Wirkung wird durch die jeweils erforderliche Verstärkung des Schenkeldrucks erzielt, entweder beidseitig oder einseitig.
Die verwahrenden Schenkel liegen etwas *hinter*

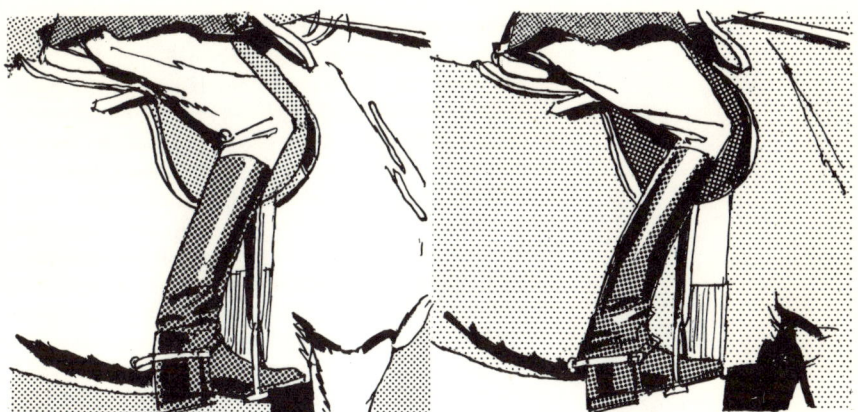

Treibender Schenkel am Gurt

Verwahrender oder seitwärtstreibender Schenkel hinter dem Gurt

dem Sattelgurt. Sie sollen das Pferd daran hindern, von einer geraden Linie abzuweichen, insbesondere auch beim Rückwärtsrichten, bei Vorhand- und Hinterhandwendungen.

Ebenso *hinter* dem Sattelgurt liegt *der seitwärts treibende Schenkel.* Hier handelt es sich also um die Einwirkung nur *eines* Schenkels, der eine Seitwärtsbewegung des Pferdes bewirken soll. Der andere Schenkel, am Sattelgurt liegend, reguliert die Vorwärtsbewegung.

Der Einsatz der Schenkelhilfen des Reiters sollte sich möglichst auf das geringst erforderliche Maß beschränken. Mit anderen Worten – ein Pferd sollte so ausgebildet und erzogen sein, daß es schon auf eine geringfügige Änderung des Schenkeldrucks reagiert. Man sagt dann: das Pferd ist fein abgestimmt.

Durch einen ständig drückenden oder gar pressenden Schenkel wird das Pferd abgestumpft und reagiert schließlich kaum noch. Außerdem ist kein Reiter körperlich in der Lage, ein Pferd für längere Zeit unter vollem Einsatz seiner Schenkelmuskulatur zu arbeiten, denn er ermüdet sehr bald und ist dann nicht mehr in der Lage, sein Pferd sachgemäß zu reiten. Auch ein klopfender Schenkel wirkt störend.

Je nach den Anforderungen soll der Einsatz der Schenkelhilfen so erfolgen, daß der Reiter sich der Bewegung des Pferdes anpassen kann, immer in

Klopfender Schenkel

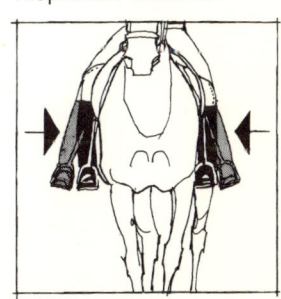

dem Bestreben, bequem und ohne große Kraftanstrengungen zu reiten. Es können Situationen eintreten, die vom Reiter den höchsten Krafteinsatz erfordern; hierfür muß er Reserven haben. Doch er wird sie nicht haben, wenn er *ständig* bis zur Höchstgrenze seiner eigenen Leistungsfähigkeit geht.

Von Otto Lörke, einem der bedeutendsten deutschen Reitmeister, der die Pferde Kronos, Absinth, Afrika, Adular und Chronist, die unter deutschen Reitern olympische Medaillen errangen, ausgebildet hat, stammt das Wort: *Man muß mit dem Sporn Pferdehaar fühlen!*

Mit diesem Wort erklärt sich die Tatsache, daß von Otto Lörke ausgebildete Pferde – er selbst brachte mehr als 200 Pfund in den Sattel – auch von körperlich wesentlich schwächeren Reitern voll beherrscht werden konnten. Diese Pferde waren fein abgestimmt, d. h. sie reagierten auf den leisesten Schenkeldruck.

Zügelhilfen

Die Zügel rahmen den Hals des Pferdes ein, wobei die Fäuste des Reiters rechts und links vom Widerrist des Pferdes stehen sollen, etwa eine Handbreit über dem Widerrist. Dies ist die grundsätzliche Stellung der Zügelfäuste. Hiervon kann *vorübergehend* abgewichen werden, wenn das Pferd hinter oder über den Zügel zu kommen droht. Kommt das Pferd hinter den Zügel, so werden die Fäuste etwas tiefer, kommt das Pferd über den Zügel, so werden die Fäuste etwas höher gestellt.

Falsch ist es z. B. auch, die rechte Zügelfaust nach links über den Widerrist zu führen oder umgekehrt. Und falsch ist es ebenfalls, eine oder beide Zügelfäuste sichtbar nach außen zu führen, so daß die Zügel am Pferdehals nicht mehr anliegen. Hierdurch entsteht ein fehlerhaftes *Ziehen* am Zügel, das eine richtige Führung des Pferdes nicht mehr ermöglicht.

Zügel und Gebiß der Zäumung übermitteln die Einwirkungen der Fäuste. Sie entstehen durch An- und Abspannen aus dem Handgelenk, bei geschlossenen Fäusten. Die Zügelhilfen wirken vornehmlich verhaltend, beim Stellen und Biegen und immer in Verbindung mit treibenden Hilfen durch Gewicht und Schenkel.

Ist ein Pferd gymnastisch ganz durchgearbeitet, d. h. sind Gelenke und Muskulatur geschmeidig und ist das Pferd im Genick und in den Ganaschen nachgiebig, so wird es sich mit herangehaltener Hinterhand, einem natürlich gebogenen Hals und mit der Stirnlinie an der Senkrechten oder ein wenig davor präsentieren. Das Pferd *steht dann am Zügel.* Die Verbindung zwischen Reiterhand und Pferdemaul ist also fein und beständig. Damit ist auch die wesentlichste Voraussetzung für das Dressurreiten erfüllt.

Kommt das Pferd mit der Stirnlinie hinter die Senkrechte – das Pferdemaul bewegt sich nach rückwärts in Richtung auf die Brust – so ist das *Pferd hinter dem Zügel,* ein schwerwiegender Mangel. Ursache dafür ist, daß der Reiter zu stark mit den Händen einwirkt und nicht genügend treibt. Er hält sich nämlich am Zügel fest. Ebenso ist es möglich, daß das Pferd von sich aus die Verbindung zwischen seinem Maul und der Reiterhand, die es immer suchen soll, aufgibt. Vermehrtes Treiben und vorübergehend etwas tiefer gestellte Hände, die nicht ziehen, können das Pferd veranlassen, sich wieder aufzurichten.

Ein Pferd, das sich dem Nachgeben durch Festhalten im Genick und Versteifung der Halsmuskulatur und gleichzeitigem Vorwärts-Aufwärts-Streben von Kopf und Hals entzieht, *geht über dem Zügel,* ebenfalls ein schwerwiegender Mangel. Vermehrtes Treiben und vorübergehend etwas höher gestellte Hände, die das Pferd einige Male leicht rechts und links stellen, können das Pferd dazu bewegen, im Genick nachzugeben, die Halsmuskulatur zu entspannen und mit der Stirnlinie wieder an die Senkrechte zu kommen. Das Pferd ist dann wieder *beigezäumt.* Ein Pferd, das eine Stütze in den Zügeln sucht, ist *auf dem Zügel.* Wenn ein Pferd sich dem Nachgeben durch Gegendrücken mit Genick- und Halsmuskulatur nach vorwärts-aufwärts zu entziehen sucht, geht es *gegen den Zügel.*

Bei einem beigezäumtem Pferd soll das *Genick* des Pferdes stets *der höchste Punkt* sein. Die Reiterfäuste sollen in ständiger und feiner Verbindung mit dem Pferdemaul sein, der Reiter dabei unabhängig vom Zügel sitzen, d. h. er soll nicht am Zügel hängen und ihn als Stütze benutzen. Vom Pferde wird verlangt, daß es den Zügel zwar ständig sucht, ihn aber ebenfalls nicht als Stütze benutzt.

Am Zügel

Über dem Zügel

Gegen den Zügel

Auf dem Zügel

Hinter dem Zügel

und falscher Knick

Lange Zügel

Hingegebene Zügel

Verzichtet der Reiter auf eine volle Beizäumung und gestattet er dem Pferde, sich im Halse sichtbar zu dehnen, so geht das Pferd *am langen Zügel.* Die Zügel werden also länger. Die feine Verbindung zwischen Reiterhand und Pferdemaul bleibt erhalten, und das Genick des Pferdes bleibt der höchste Punkt.

Während der Arbeit und am Schluß von Dressurprüfungen läßt der Reiter sein Pferd *am hingegebenen Zügel* im Schritt gehen. Hierbei besteht *keine* Verbindung mehr zwischen Reiterhand und Pferdemaul. Das Pferd kann sich vollends im Halse strecken und sich nach vorwärts-abwärts dehnen. Es ist eine Art Belohnung für getane Arbeit.

Das Traben und Galoppieren im Arbeitstempo am hingegebenen Zügel während der Arbeit ist ein Prüfstein für die *richtige Arbeit,* wenn sich das Pferd hierbei vollends im Halse vorwärts-abwärts dehnt und im gleichen Tempo verbleibt, also nicht eiliger wird. Das Pferd soll sich hierbei völlig entspannen und zufrieden prusten.

Die Reiterhand soll lebendig sein, d. h. zwischen *Annehmen* und *Nachgeben* besteht ein mehr oder weniger ständiges Wechselspiel, immer verbunden mit den treibenden Hilfen. In diesem Spiel drehen sich die Handgelenke des Reiters bei geschlossenen Fäusten ein und aus. Bei stärkerem Nachgeben können die Arme ein wenig vorgehen. Soll der Hals des Pferdes gedehnt werden, so werden die Zügelfäuste kurz geöffnet, um die Zügel verlängern zu können.

Durchhaltende Zügelhilfen sind erforderlich, wenn sich ein Pferd im Genick festhält, also unnachgiebig ist. Die Verbindung zwischen Reiterhand und Pferdemaul ist in diesem Augenblick fest. Dem begegnet der Reiter dadurch, daß er diesen Druck mit geschlossenen Zügelfäusten so lange aushält, bis das Pferd im Genick nachgibt und die Verbindung wieder fein wird. Von Vorteil ist hierbei, das Pferd abwechselnd leicht rechts und links zu stellen, wobei der jeweils äußere Zügel fest anstehen muß. Von entscheidender Bedeutung ist aber, daß der Reiter den Augenblick des Nachgebens des Pferdes erspürt und seinerseits wieder fein mit der Hand wird. Verpaßt der Reiter diesen Augenblick, so wird sein Pferd niemals lernen, auf feine Zügelhilfen zu reagieren und allmählich im Maul unempfindlich werden. Alle Zügelhilfen sollen möglichst unsichtbar sein. Der Neigung vieler Reiter, zuviel mit den Händen und zu wenig mit Gewichts- und Schenkelhilfen einzuwirken, muß von Anfang an korrigierend begegnet werden.

Hilfengebung

Anziehen des Kreuzes, Verstärkung des Schenkeldrucks beider Schenkel, ganz feines Vorgehen der Zügelfäuste ohne Aufgabe der Verbindung zwischen Reiterhand und Pferdemaul.	**Anreiten aus dem Halten zum Schritt**
Anziehen des Kreuzes, Verstärkung des Schenkeldrucks beider Schenkel, feines Vorgehen der Zügelfäuste ohne Aufgabe der Verbindung zwischen Reiterhand und Pferdemaul.	**Übergang aus dem Schritt zum Trabe**
Halbe Parade. Anziehen des Kreuzes. Verlagerung des Gewichts vermehrt auf den inneren Gesäßknochen, leichtes Vornehmen der inneren Hüfte ohne Einknicken in der Hüfte. Innerer Schenkel vermehrt treibend am Sattelgurt. Äußerer Schenkel leicht zurückgenommen, verwahrend wirkend. Äußerer Zügel gut anstehend. Innerer Zügel fein vorgehend, ohne Aufgabe der Verbindung zwischen Reiterhand und Pferdemaul.	**Übergang vom Schritt zum Galopp**

Für den Übergang vom Trabe zum Galopp gilt dasselbe.

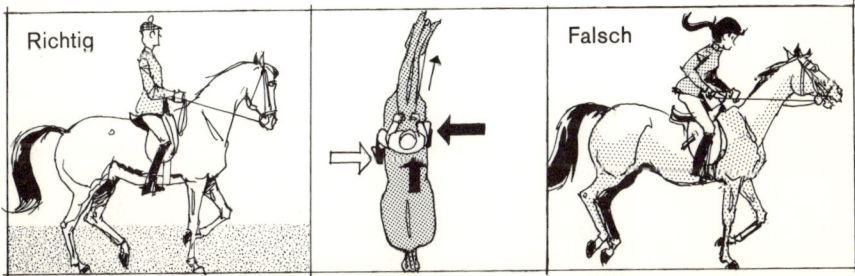

Richtig   Falsch

Korrekter Sitz beim Angaloppieren links

Angaloppieren rechts

Reiter steht auf und treibt nicht, Pferd über dem Zügel

Darunter versteht man die Hilfen des Reiters, bei denen Zügelhilfen und treibende Hilfen harmonisch zusammenwirken müssen, um die Bewegungen des Pferdes regulieren zu können.

Halbe Parade

Zweck der Halben Parade ist es, Takt und Haltung des Pferdes während der Bewegung zu verbessern, oder, wenn nötig, wiederzugewinnen. Weiterhin dient die Halbe Parade dazu, von einer höheren Gangart in eine niedrigere Gangart überzugehen. Umgekehrt bereitet man den Übergang von einer niedrigeren Gangart in eine höhere Gangart durch eine Halbe Parade vor. Hierbei dient die Halbe Parade insbesondere dazu, die Hinterhand des Pferdes zu engagieren. Schließlich werden Halbe Paraden vor Einleitung einer Volte, vor dem Durchreiten der Ecken, vor einer Kehrtwendung aus der Ecke und vor der Einleitung aller schwierigeren Lektionen ausgeführt.

Der Reiter nimmt dabei die Zügel an – unter gleichzeitigem Fortsetzen der treibenden Hilfen. Das Annehmen der Zügel darf jedoch nicht so stark sein, daß das Pferd zum Halten kommt. Unterläßt er das Treiben und zieht nur am Zügel, so tritt die erwünte Wirkung der Halben Parade nicht ein.

Halbe Paraden sollen das Pferd gewissermaßen darauf vorbereiten, daß etwas Neues geschieht, also seine Aufmerksamkeit wecken.

Ganze Parade

Sie bringt das Pferd durch Annehmen der Zügel zum Halten und wird, je nach dem Ausbildungsstand des Pferdes, durch eine oder mehrere Halbe Paraden vorbereitet. Das Annehmen der Zügel soll von treibenden Hilfen begleitet sein, so daß das Pferd von hinten nach vorn an die Reiterhand herangetrieben wird. Sobald das Pferd zum Halten gekommen ist, muß sich die Reiterhand abspannen, die Verbindung zwischen Reiterhand und Pferdemaul also fein werden. Verpaßt der Reiter den Augenblick des Nachgebens der Zügelfäuste, wird das Pferd zurücktreten oder seitwärts ausweichen, ein in Dressurprüfungen schwerwiegender Mangel.

Nach einer korrekt ausgeführten Ganzen Parade steht das Pferd absolut unbeweglich und gleichmäßig auf allen vier Beinen. Die Einwirkung des Reiters soll auch hierbei möglichst unsichtbar sein.

Das Pferd verfügt über drei Bewegungsarten, die ihm von der Natur mitgegeben worden sind. Man nennt sie *Grundgangarten.* Ihre gute oder weniger gute Ausprägung wird durch die anatomischen Gegebenheiten eines Pferdes entscheidend bestimmt. Und hier gibt es beträchtliche Unterschiede.
Der Kunst des Reiters obliegt es, diese Grundveranlagungen unter Wahrung der Natur zur höchsten Entfaltung zu bringen. Der Reiter vermag zwar, diesen oder jenen Mangel im Verlauf einer richtigen Ausbildung zu bessern. Die Natur läßt sich aber nicht vergewaltigen. Wenn die durch die Veranlagung gegebenen Grenzen überschritten werden, wird daraus etwas Unnatürliches, Künstliches, und das bedeutet Verzicht auf Vollendung und Harmonie.

 Welche Grundgangarten gibt es?

Der Schritt

Er ist eine *schreitende* Gangart – man spricht von Schritten –, bei der die vier Beine nacheinander ab- und auffußen, also im Viertakt, und zwar gleichseitig, aber nicht gleichzeitig. Auf einem harten Boden kann man die 4 Hufschläge hören und prüfen, ob sie in zeitlich gleichmäßigen Abständen erfolgen oder nicht. Im Falle der Gleichmäßigkeit spricht man von einem reinen Schritt, sonst von einem unreinen Schritt. Der Schritt soll fleißig, aber nicht übereilt sein.

Im Schritt gibt es *unterschiedliche Gangmaße,* auch Tempi genannt:

Fußfolge
beim Schritt

Mittelschritt
Hier sollen die Hinterhufe etwas über die Spuren der Vorderhufe hinausgreifen, der Rahmen des Pferdes etwas erweitert sein. Der Mittelschritt findet Anwendung bei der Arbeit junger Pferde und zur Einleitung der Trainingsarbeit bereits ausgebildeter Pferde.

Starker Schritt
Dabei sollen die Hinterhufe *deutlich* über die Spuren der Vorderhufe hinausgreifen. Der Rahmen des Pferdes soll *deutlich* erweitert sein, d. h. der Pferde-

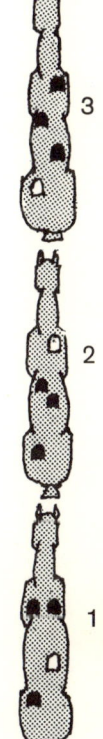

hals soll länger werden. Die Stirnlinie des Pferdes soll etwas vor der Senkrechten sein. Wie im Mittelschritt soll die Verbindung zwischen Reiterhand und Pferdemaul erhalten bleiben.
Der starke Schritt wird erst im Verlauf der Ausbildung allmählich entwickelt.

Versammelter Schritt
Bei diesem Gangmaß sollen die Hinterhufe etwas hinter den Spuren der Vorderhufe zurückbleiben. Die Schritte sollen erhabener, ausdrucksvoller sein. Die Hinterhand soll mehr Gewicht aufnehmen, die Vorhand dadurch mehr entlastet und aufgerichtet sein. Der Rahmen des Pferdes soll enger sein.
Frühestens nach einer Ausbildung von einem Jahr wird ein Pferd den versammelten Schritt beherrschen, nachdem es gelernt hat, die Hinterhand vermehrt und willig einzusetzen.

Bewegungsphasen im Schritt

Freier Schritt

Hierbei verzichtet der Reiter auf jede aktive Einwirkung. Er gibt die Anlehnung ganz auf und gestattet dem Pferde, den Hals vollends zu strecken.
Das Pferd schreitet mit zufriedenem Blick weit aus.
Es ist dies gewissermaßen eine Erholungs- und Be-
lohnungspause für eben geleistete Arbeit.

Ein schwerwiegender Mangel im Schritt ist der sogenannte *Paß,* wobei das rechte Hinterbein und das
rechte Vorderbein gleichzeitig auffußen, und das
linke Hinterbein und das linke Vorderbein ebenso.
Das Pferd bewegt sich also im Zweitakt und nicht,
wie es sein soll, im Viertakt.

Erfolgt das gleichseitige Auffußen nahezu gleichzeitig, so spricht man von einem *paßartigen Schritt.*
Paß und paßartiger Schritt sind nur äußerst selten
angeboren. Sie zeigen sich aber durch Fehler in der
Ausbildung.

Bewegungsphasen im Trab

Der Trab Auch in dieser Gangart sind die anatomischen Gegebenheiten des Pferdes von entscheidender Bedeutung. Bei einem harmonischen Körperbau (Länge des Halses, schräge Schulter, Länge des Rückens, Länge der Kruppe, gute Winkelung der Hinterbeine) wird ein Pferd das zeigen, was bei dieser Gangart erwünscht ist: Schwung, Leichtfüßigkeit, Elastizität und Raumgriff.

Der Kunst des Reiters kann es gelingen, einen von Natur aus nur mäßigen Trab im Verlauf der Ausbildung bis zu einem gewissen Grade zu verbessern, insbesondere durch Gymnastizierung der Hinterhand und damit Förderung der Schubkraft des Pferdes. Im Trabe spricht man von *Tritten:* Zwei diagonale Beine bewegen sich gleichzeitig vorwärts und werden gleichzeitig aufgesetzt. Daraus ergibt sich im Trabe der *Zweitakt.* Zwischen dem Wech-

Leichttraben

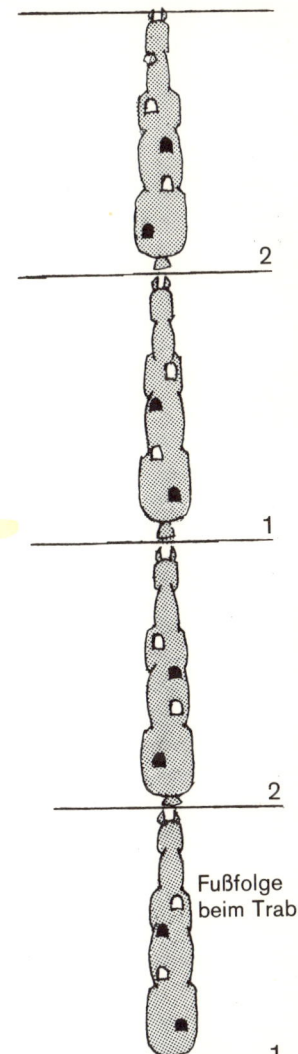

sel der diagonalen Beinpaare liegt der *Moment der Freien Schwebe,* d. h. keines der vier Pferdebeine berührt den Boden. Der Trab soll fleißig, aber nicht übereilt sein. Auch hier gibt es *unterschiedliche Gangmaße* (Tempi):

Arbeitstrab
Mit dem Arbeitstrab, der in seinem Raumgriff zwischen dem Mitteltrab und dem versammelten Trab liegt und der sich durch Frische auszeichnen soll, beginnt die Ausbildung des jungen Pferdes. Erst wenn dieses sich im Gleichgewicht zeigt, sicher an den Hilfen steht, die Hinterhand genügend engagiert ist, schließt sich die Ausbildung in den Verstärkungen und in der Versammlung an.
Bei einem ausgebildeten Pferd wird der Arbeitstrab zur Einleitung der täglichen Arbeit geritten.

Fußfolge beim Trab

Mitteltrab:
Erweiterter Rahmen und
Raumgriff

Mitteltrab

Hier sollen die Tritte weiter als beim Arbeitstrab
sein, aber nicht eiliger werden. Der Rahmen des
Pferdes soll etwas weiter sein. Der Schwung des
Pferdes aus der energisch abfußenden Hinterhand
soll deutlich zum Ausdruck kommen. Das Pferd soll
sich dabei selbst tragen, d. h. sich nicht auf den
Zügel legen. Die Hinterhand darf nicht breit treten;
die Hinterbeine sollen etwa in den Spuren der gleichseitigen Vorderhufe auffußen.

Starker Trab:
Deutlich erweiterter
Rahmen und Raumgriff,
Pferdenase leicht vor der
Senkrechten

Starker Trab

Er soll eine deutliche Steigerung gegenüber dem
Mitteltrab zeigen. Das bedeutet erhöhten Schwung,
ein Höchstmaß an Raumgriff und ein besonders
energisches Abfußen der Hinterbeine. Der Rahmen
des Pferdes soll *deutlich* erweitert sein, d. h. der
Pferdehals soll sich dehnen, also länger werden,

das Pferd sich dabei selbst tragen. Die Stirnlinie
des Pferdes darf hierbei ein wenig vor der Senkrechten sein. Die Bewegungen des Pferdes sollen
höchste Kraftentfaltung zeigen, jedoch in voller Geschmeidigkeit, ohne Verkrampfung.
Die Vorderhufe sollen dort auffußen, wohin sie zeigen. Nur dann gewinnt das Pferd den Boden, der
im starken Trab verlangt wird. Wie im Mitteltrab
soll das Pferd auch im starken Trabe hinten nicht
breit gehen und nicht eiliger werden.

Versammelter Trab:
Engerer Rahmen,
weniger Raumgriff

Versammelter Trab
Er ist gekennzeichnet durch die *Erhabenheit* der
Tritte. Die durch Beugung der Hanken (Hüft- und
Kniegelenke) gesenkte Hinterhand des Pferdes
nimmt mehr Last auf, entlastet dadurch die Vor-
hand und bewirkt dadurch deren Aufrichtung. Der
Grad der Aufrichtung entspricht also dem Grad des
Hankenbuges. Man spricht hier von der *relativen
Aufrichtung,* die allein reiterlich korrekt ist.
Im Gegensatz hierzu steht die *absolute Aufrichtung,*
die mit der Hand des Reiters ausgeführt und er-
zwungen wird. Sie führt meist zu einem zu engen
Rahmen des Pferdes, wobei die Hinterbeine nicht
genügend engagiert sind, die Geschmeidigkeit und
Natürlichkeit der Bewegungen nachlassen. Diese
Aufrichtung ist unreiterlich und daher abzulehnen.
In allen Trabarten (Tempi) soll der Zeitraum von Tritt
zu Tritt gleichbleibend sein. Unterschiedlich ist lediglich der Raumgriff.

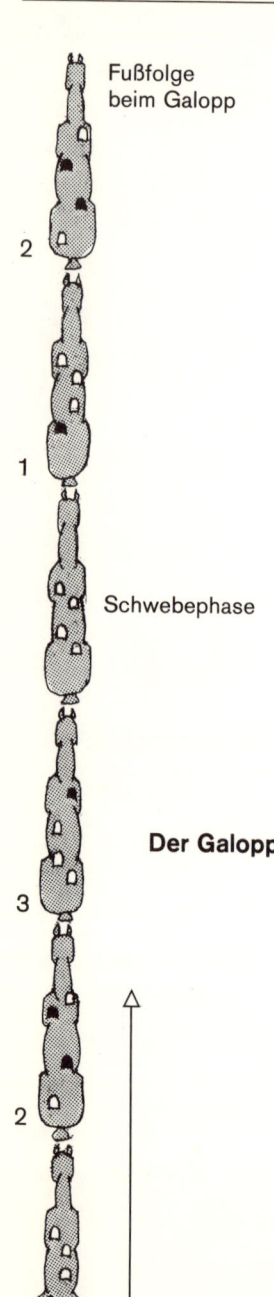

Fußfolge
beim Galopp

2

1

Schwebephase

3

2

1

Das Leichttraben

Es dient der Schonung des Rückens und der Gelenke des Pferdes. Junge Pferde werden anfänglich weitgehend im Leichttraben gearbeitet. Ausgebildete Pferde werden zu Beginn der täglichen Arbeit leichtgetrabt, um sie so schnell wie möglich zur Losgelassenheit zu bringen. Leichttraben gibt es nur im Arbeitstrab und im Mitteltrab. Beim Reiten im Gelände wird grundsätzlich leichtgetrabt.

Der Reiter sitzt beim Leichttraben nicht jeden Tritt des Pferdes aus, sondern fängt, sich auf Knie und Bügel stützend, einen Tritt ab und läßt sich erst mit dem folgenden Tritt wieder in den Sattel gleiten. Das Niedersetzen in den Sattel soll erfolgen, wenn der innere Hinterfuß auffußt, das Erheben aus dem Sattel erfolgt demnach in dem Augenblick, wenn äußerer Vorderfuß und äußere Schulter des Pferdes nach vorn schwingen. In der Bahn wird grundsätzlich auf dem inneren Hinterfuß leichtgetrabt. Beim Handwechsel muß der Reiter eine ungerade Zahl von Tritten aussitzen und sich dann wieder erheben, wenn der nunmehrige Vorderfuß nach vorn schwingt. Beim Leichttraben im Gelände muß der Reiter von Zeit zu Zeit umsitzen, um eine gleichmäßige Beanspruchung des Pferdes zu gewährleisten.

Der Galopp   Der Galopp ist die anmutigste, zugleich aber auch die kraftvollste Gangart. Man spricht hier von *Sprüngen*.

Der Galopp vollzieht sich im *Dreitakt:*

Das Pferd setzt zuerst das *äußere Hinterbein* auf, danach ein *diagonales Beinpaar,* zum Schluß das *innere Vorderbein.* Es folgt der *Moment der Freien Schwebe,* bei dem sich keines der vier Pferdebeine auf dem Boden befindet. Der Hauptantrieb, die Schubkraft, kommt aus dem äußeren Hinterbein. Der Galopp soll geschmeidig und schwungvoll sein, der Reiter weich in die Bewegungen eingehen. Wie im Schritt und im Trabe gibt es auch im Galopp unterschiedliche Gangmaße (Tempi).

Arbeitsgalopp

Mit dem Arbeitsgalopp, der in seinem Raumgriff zwischen dem Mittelgalopp und dem versammelten Galopp liegt und der sich durch Frische auszeichnen soll, beginnt die Ausbildung des *jungen* Pferdes. Erst wenn dieses sich im Gleichgewicht befindet, sicher an den Hilfen steht und in der Hinterhand genügend engagiert ist, schließt sich die Ausbildung in den Verstärkungen und in der Versammlung an.

Bei einem ausgebildeten Pferd dient der Arbeitsgalopp zur Einleitung der täglichen Arbeit.

Mittelgalopp

Hier sollen die Sprünge *weiter* werden, aber nicht eiliger. Das Pferd soll also mehr Boden gewinnen. Der Rahmen des Pferdes soll etwas weiter werden, das Pferd sich im Halse dehnen und sich dabei selbst tragen. Das kraftvolle Abfußen der Hinterbeine soll deutlich sichtbar sein.

Starker Galopp

Er ist die höchste Kraftentfaltung in dieser Gangart. Die Sprünge sollen noch weiter sein, das Pferd noch mehr Boden gewinnen. Dabei soll der Rahmen des Pferdes *deutlich* erweitert sein, der Pferdehals sich sichtbar dehnen. Das Pferd soll sich selbst tragen, die Verbindung zwischen Reiterhand und Pferdemaul erhalten bleiben. Die Hinterbeine sollen in höchster Energie abfußen.

Versammelter Galopp

Aus vermehrter Hankenbeugung ergibt sich die gesenkte Hinterhand, die in erhöhtem Maße die Last aufnimmt. Daraus ergibt sich die Entlastung der Vorhand und die relative Aufrichtung, die hier deutlich hervortreten muß. Man spricht hier von einem *Bergaufgalopp,* der den Auffassungen der klassischen Reitkunst entspricht.

Die Sprünge sollen geschmeidig, leichtfüßig und schwungvoll, aber nicht eilig sein. Das Pferd gewinnt weniger Boden.

In allen Galopparten soll der Zeitraum von Sprung zu Sprung gleichbleibend sein. Unterschiedlich ist lediglich der Raumgriff.

Bewegungsphasen
im Galopp

Die Grundsätze der klassischen Reitkunst sind Jahrhunderte alt. Ihr bedeutendster Verfechter war Francois Robichon de La Guérinière, Stallmeister des Königs Ludwig XIV. von Frankreich. In seiner »Reitschule« (von 1733) hat er die Grundsätze für die Ausbildung eines Pferdes niedergelegt. Diese haben die gesamte europäische Reiterei beeinflußt. Die deutsche Schule leitet sich in ununterbrochener und unmittelbarer Folge hiervon ab. Mit geringfügigen Abänderungen finden seine Grundsätze auch heute noch in der Spanischen Hofreitschule in Wien Anwendung und haben in den Bestimmungen der Internationalen Reiterlichen Vereinigung (FEI) ihren Niederschlag gefunden.

Ein nach diesen Grundsätzen ausgebildetes Pferd soll über die folgenden Grundeigenschaften verfügen:

Takt Er bezeichnet das Gleichmaß der Bewegung und ist eine Grundbedingung des *reinen* Ganges. Man spricht von Unreinheit des Ganges, wenn diese Bedingung nicht erfüllt ist.

Im Schritt:
klarer Viertakt, gleichseitig, aber nicht gleichzeitig. Hinten rechts – vorn rechts – hinten links – vorn links.

Im Trab:
klarer Zweitakt. Die diagonalen Beinpaare fußen gleichzeitig auf und ab. Zwischen den beiden Diagonalen der Moment der freien Schwebe.

Im Galopp:
klarer Dreitakt. Hinten außen – diagonales Beinpaar hinten innen und vorn außen – vorn innen. Danach Moment der freien Schwebe.

Cavaletti-Arbeit dient der Förderung des Gleichgewichts, des Ganges und des Schwunges

Richtig — Falsch — Falsch

Beim Rückwärtsrichten:
Obwohl sich das Pferd hierbei im Schritt-Tempo bewegt, spricht man doch von Tritten, weil sich das Pferd, wie im Trabe, im Zweitakt bewegt, d. h. die diagonalen Beinpaare fußen gleichzeitig auf und ab.
Alle vier Pferdebeine sollen sich deutlich vom Boden abheben und sich im Maß des Raumgriffs des versammelten Schritts rückwärts bewegen. Die Rückwärtsbewegung erfolgt auf *einem* Hufschlag in *gleichmäßigen* Tritten.

Losgelassenheit

Die Bewegungen des Pferdes sollen natürlich, geschmeidig und ohne jede Spannung und Verkrampfung sein. Das Pferd soll einen vollauf zufriedenen Eindruck machen, ein vertrauensvolles Auge und ein kauendes Maul haben und den Schweif gleichmäßig pendelnd tragen.
Der Rücken des Pferdes als Brücke zwischen Hinterhand und Vorhand soll federnd auf- und abschwingen und dem Reiter den geschmeidigen Sitz ermöglichen, aus dem er mit Gewicht, Kreuz und Schenkeln zum Treiben kommt.

Anlehnung

Sie bedeutet die *ständige* und *feine* Verbindung zwischen Reiterhand und Pferdemaul. Das Pferd, richtig ausgebildet, soll diese Anlehnung suchen, der Reiter dabei unabhängig von Zügel sitzen. Der *Grad* der Anlehnung wechselt je nach den Anforderungen, die der Reiter an das Pferd stellt. Der Reiter sollte aber immer bemüht sein, die Anlehnung nur kurzfristig zu verstärken und so schnell wie möglich zur feinen Anlehnung zurückkehren.
Ein in richtiger Anlehnung gehendes Pferd ist *am Zügel* und *trägt sich selbst*. Kommt das Pferd hinter oder über den Zügel, so beweist der Reiter damit, daß er überwiegend mit der Hand eingewirkt und versäumt hat, treibende Hilfen mit Zügelhilfen in harmonischen Einklang zu bringen.
Eine ständige feste Anlehnung deutet auf ein festgehaltenes Genick des Pferdes hin und beweist mangelnde Durchlässigkeit. Eine nur vorübergehend ständige Anlehnung beweist, daß das Pferd nicht solide am Zügel steht.
Nur ein in ständiger und feiner Anlehnung stehendes Pferd gestattet es dem Reiter, den jeweils erforderlichen Rahmen – enger oder weiter – zu bestimmen.

Schwung

Ihn gibt es nur im Trabe und Galopp. Er resultiert aus der völligen Losgelassenheit, einem schwingenden Rücken und federnden Hinterbeinen. Er kann nur aus der *Hinterhand* entwickelt werden. Die Bewegungen des Pferdes sollen geschmeidig, ja anmutig sein, mühelos und kraftvoll. Bei einem schwungvollen Pferd wird der Moment der freien Schwebe im Trabe und im Galopp deutlich erkennbar sein, während er bei schwunglosen Pferden verwischt ist. Schwung zeigt sich in der Versammlung und in den Verstärkungen.

Geradegerichtetsein

»Reite Dein Pferd vorwärts und richte es gerade.« Dieser jahrhundertealte Grundsatz gilt auch heute noch unverändert.

Von Natur aus sind die meisten Pferde schief. Diese Schiefe muß im Laufe der Ausbildung beseitigt werden. Es ist dies der einzige Fall, in dem etwas *gegen die Natur* unternommen werden muß. Und warum? Nur ein in sich gerades Pferd kann zu einer vollen und idealen Entwicklung seiner natürlichen Anlagen gebracht werden. Bei einem schiefen Pferd können die treibenden Hilfen (von hinten nach vorn) und die verhaltenden Hilfen (von vorn nach hinten) nur ungenügend durchdringen, sie bleiben im Pferde stecken und stellen damit die richtige Ausbildung in Frage. Ein gerades Pferd bewegt sich im Geradeaus auf *einem* Hufschlag, im Schritt, im Trabe, im Galopp und beim Rückwärtsrichten. Es steht beim Halten auf *einem* Hufschlag. Die Längsachse des Pferdes ist dem Hufschlag angepaßt.

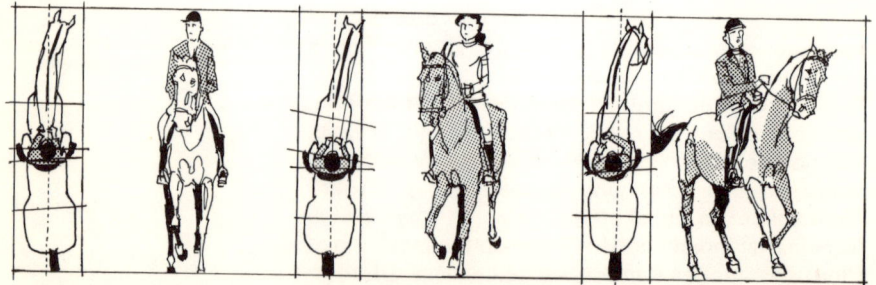

rechts gestellt   rechts gestellt und gebogen   im Genick verworfen

Sie bedeutet das willige Durchlassen von halben und ganzen Paraden bei gutem Engagement der Hinterhand in allen Gangarten, bei einem geschmeidigen und nicht festgehaltenen Genick des Pferdes. Sie bedeutet weiter die willige Nachgiebigkeit in den Ganaschen nach beiden Seiten. Sie ergibt sich aus einer richtigen und mit Geduld betriebenen Ausbildung von selbst. Ein nicht durchlässiges Pferd entzieht sich den halben und ganzen Paraden dadurch, daß es sich auf den Zügel legt, über oder hinter den Zügel kommt, mit dem Kopf schlägt und das Maul aufsperrt. Es verweigert die Rechts- oder Linksstellung durch Verwerfen im Genick. Ein voll durchlässiges Pferd gestattet dem Reiter die wünschenswerte *dezente* Einwirkung, die zur Verschönerung des Gesamtbildes beiträgt.

Durchlässigkeit

Versammlung und Aufrichtung

In dem Wort Versammlung steckt das Wort »sammeln« und sammeln heißt anhäufen. Was häuft der Reiter an? Energie! Sie wird für höhere Anforderungen in der Dressur benötigt. Und wo wird Energie gesammelt? *In der Hinterhand des Pferdes, dem Motor.*
Die Tragkraft der Hinterhand wird zur Entlastung der Vorhand vermehrt herangezogen. Die Hanken (Knie- und Hüftgelenke) werden vermehrt gebeugt. Das Pferd wird dadurch hinten tiefer und vorne höher. Mit Hilfe der in der Hinterhand gespeicherten Energie gewinnen die Bewegungen des Pferdes mehr Ausdruck. Im Trabe spricht man von *Kadenz,* im Galopp von *Erhabenheit.*
Die Versammlungsfähigkeit eines Pferdes wächst harmonisch mit seiner Ausbildung, in der eine *langsame* Steigerung der Versammlung erfolgen soll. Bei einem zu schnellen Vorgehen sind Nachlassen der Geschmeidigkeit und des Schwunges häufig die Folge. Es leidet die wünschenswerte Natürlichkeit der Bewegungen. Im Schritt läßt der Raumgriff nach.
Aus dem vermehrten Hankenbug ergibt sich die *Aufrichtung,* die, wie bereits erwähnt, als *relative Aufrichtung* bezeichnet wird. Sie führt zu einem harmonischen Rahmen des Pferdes, einem Hals, der sich in einer ungebrochenen Linie, d. h. ohne Knick, aus dem Widerrist erhebt.

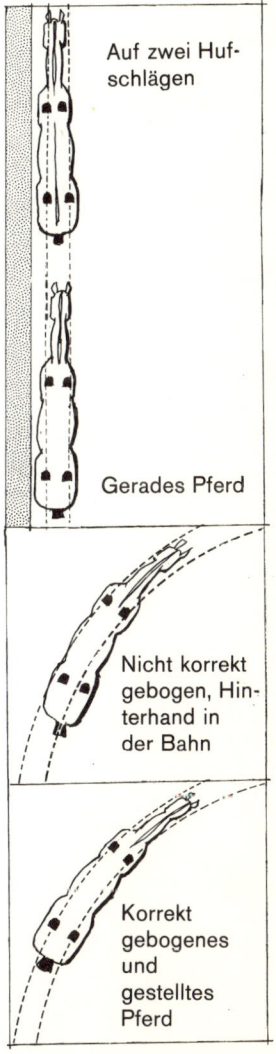

Auf zwei Hufschlägen

Gerades Pferd

Nicht korrekt gebogen, Hinterhand in der Bahn

Korrekt gebogenes und gestelltes Pferd

Viereck 20 x 40 m
mit Hufschlagfiguren

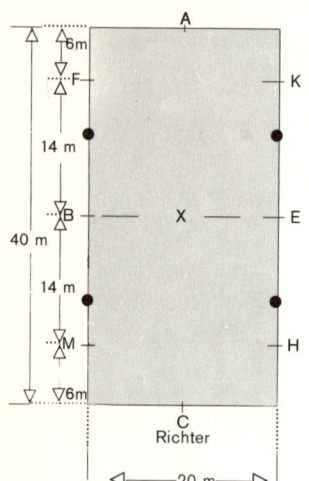

Ein Reitviereck für *Dressurprüfungen* hat normalerweise eine Größe von 20 mal 40 m. Für die internationalen Aufgaben der F.E.I. – Prix St. Georges – Intermédiaire I und II – Grand Prix, Grand Prix Special –, sowie die Vielseitigkeitsprüfungen der Klassen L bis S hat das Reitviereck eine Größe von 20 mal 60 m.

Die in den verschiedenen Dressurprüfungen vorgeschriebenen Wege heißen *Hufschlagfiguren*. Ihre genaue Einhaltung ist einer der Prüfsteine für die Beurteilung des Wertes einer Dressurprüfung. Ein Reiter, der die Hufschlagfiguren nicht sorgfältig beachtet, beweist damit, daß sein Pferd noch nicht über den erforderlichen Ausbildungsstand verfügt oder daß sein reiterliches Können noch nicht ausreicht.

Man unterscheidet folgende Hufschlagfiguren:

- Ganze Bahn – **CMBFAKEH** (rechte Hand)
- Halbe Bahn – **CMBXEH** (rechte Hand)
- Lange Seite – **MF** oder **KH** (rechte Hand)
- Kurze Seite – beiderseits **C** oder beiderseits **A**
- Mittellinie (Länge der Bahn) **CXA** oder **AXC**
- Wechsellinie, durch die ganze Bahn – **MXK** oder **FXH**
- Wechsellinie, durch die halbe Bahn – **ME** oder **FE** oder **KB** oder **HB**
- Mittelpunkt der Bahn – **X**
- Zirkel – er ist ein Kreis von 20 m Durchmesser. Die Zirkelpunkte, die der Reiter für die Dauer einer Pferdelänge berühren muß, liegen beim Reiten auf der rechten Hand bei **C,** auf der Mitte zwischen der Ecke nach **C** und **B** (10 m), bei **X** und auf der Mitte zwischen **E** und der Ecke vor **H** (10 m).
  Der zweite Zirkel liegt zwischen **A** und **X** sinngemäß.
- Aus dem Zirkel wechseln – nach Vollendung eines Zirkels reitet der Reiter durch den Punkt **X** und kommt zwangsläufig auf den zweiten Zirkel.
- Durch den Zirkel wechseln – hier wendet der Reiter am Zirkelpunkt an der langen Seite in einem Kreisbogen von 10 m Durchmesser ab, durchreitet den Mittelpunkt des Zirkels und kehrt auf einem Kreisbogen von 10 m Durchmesser auf die Zirkellinie zurück.

– Wechselpunkte sind die Punkte M, F, K und H.
– Einfache Schlangenlinie – sie ist eine gleichmäßig gebogene Linie entlang der langen Seite, die sich maximal 6 Schritt (ca. 5 m) von der langen Seite entfernt. Sie beginnt beim ersten Wechselpunkt und endet beim folgenden Wechselpunkt der langen Seite.
– Doppelte Schlangenlinie – sie wird an der langen Seite ausgeführt und entfernt sich zweimal bis zu maximal 3 Schritt von der langen Seite. Sie beginnt am ersten Wechselpunkt der langen Seite, berührt bei B bzw. E mit einer Pferdelänge den Hufschlag und endet beim folgenden Wechselpunkt. Beide Bögen müssen gleichmäßig sein.
– Schlangenlinie durch die ganze Bahn – hier kann die Zahl der Bögen vorgeschrieben werden. Bei z. B. fünf Bögen muß der Reiter den Hufschlag der langen Seiten außer an den beiden Wechselpunkten dreimal, jeweils mit einer Pferdelänge, berühren.
– Volte – sie ist ein Kreis von 6 Schritt (ca. 5 m) Durchmesser.
– Aus der Ecke kehrt – dies ist eine Wendung, die zur Hälfte wie eine Volte von 6 Schritt (ca. 5 m) geritten wird, zur langen Seite gerade ausläuft und danach nach 9 Schritt auf der langen Seite endet.
– Doppelvolte – eine Volte, die zweimal hintereinander ausgeführt wird.
– Acht – eine Volte auf der rechten (linken) Hand, der sich sofort eine Volte auf der linken (rechten) Hand anschließt. Sie wird immer im Mittelpunkt der Bahn, bei X, ausgeführt. In den Dressuraufgaben der F.E.I. werden Volten von 8 und 10 Metern Durchmesser verlangt.

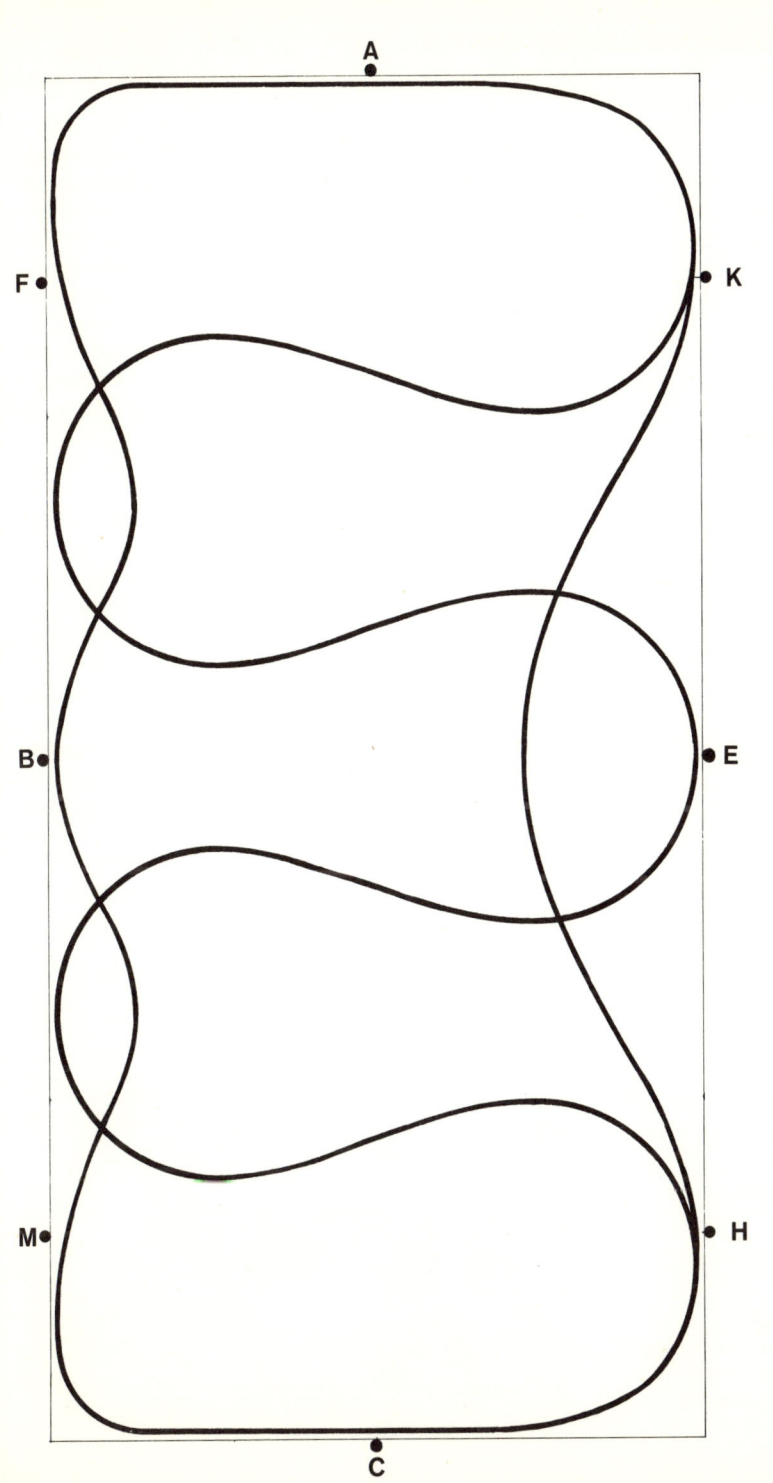

Wie in allen anderen Sportarten, gibt es auch für den Reitsport ein Reglement, die *Leistungsprüfungsordnung,* abgekürzt *LPO.* Gültig ist die Neufassung vom 1.1.1976.

Sie ist von der Deutschen Reiterlichen Vereinigung (FN) verfaßt und herausgegeben und dient der Durchführung von Leistungswettbewerben und Leistungsprüfungen zur Förderung der Pferdehaltung, des Reit- und Fahrsports und der deutschen Pferdezucht. Sie gilt für alle *nationalen* Pferdeleistungsschauen (Turniere) in der Bundesrepublik Deutschland und in Berlin. In der LPO, die Allgemeine Bestimmungen, Besondere Bestimmungen und eine Rechtsordnung enthält, sind die Pflichten und Rechte der reitsportlichen Vereinigungen, der Veranstalter von Turnieren und der Turnierteilnehmer in allen Einzelheiten geregelt. Die Bestimmungen sind also für alle am Turniersport Beteiligten gleicherweise bindend. Besonders hervorgehoben zu werden verdient, daß alle an einem Turnier beteiligten Personen und Personengemeinschaften zu *ritterlicher und kameradschaftlicher Haltung* verpflichtet sind. Jeder Reiter, der sich am Turniersport zu beteiligen beabsichtigt, muß sich mit den Bestimmungen der LPO vertraut machen.

Für internationale Turniere gilt das Règlement Général (RG) der Fédération Equestre Internationale (FEI) (Internationale Reiterliche Vereinigung).

Heinz Pollay, Olympiasieger 1936 im Dressurreiten – heute international anerkannter Richter.

Jeder Turnierteilnehmer muß erwarten können, daß er in seiner Leistung objektiv und gerecht beurteilt wird. Nur dann werden seine Liebe und Passion zum Reitsport erhalten bleiben.

Die Entscheidungen liegen in der Hand der *Richter.* Die folgenden Ausführungen beschränken sich auf *Dressurprüfungen.*

Der Ausbildung des Richters kommt daher ganz besondere Bedeutung zu. Bevor er zum Richteramt zugelassen wird, hat er eine mehrjährige Schulung durchzumachen, die bei Bewährung zur Anerkennung als Richter führt. Er wird dann in die Richterliste, die bei jeder Landeskommission geführt wird, aufgenommen. Die Ausübung des Richteramtes hat zur Voraussetzung, daß der Richter über ein umfassendes und lückenloses Wissen verfügt, und daß er in der Lage ist, ein Pferd in *der* Prüfung selbst zu reiten, die er richtet. Untadeliger Charakter, Gerechtigkeitssinn, Objektivität, Selbstsicherheit ohne Arroganz, Gewandtheit in Wort und Schrift, schnelles Auffassungsvermögen und Blick für das Wesentliche machen den guten und allerorts gern gesehen Richter aus.

Der Richter erfüllt seine Aufgabe dann, wenn er immer darum bemüht ist, dem Reiter zu helfen und durch seine Arbeit, die ehrenamtlich ist, seinen Beitrag zur Förderung des Reitsports zu leisten.

Jedem Turnierveranstalter ist die Auswahl der Richter, die bei einem Turnier mitwirken sollen, selbst überlassen. Die Teilnehmer haben sich diesen Richtern zu stellen. Von sich aus muß ein Richter das Richten in einer Dressurprüfung ablehnen, wenn hieran Reiter teilnehmen, die er selbst ausgebildet hat oder mit denen er verwandt ist. Dasselbe gilt, wenn zwischen einem Reiter und einem Richter ein Arbeitgeber- oder ein Arbeitnehmerverhältnis besteht oder ein Pferd an der Prüfung teilnimmt, das Eigentum eines Richters ist.

? *Wie werden Dressurprüfungen entschieden?*

Die Anforderungen, die in Dressurprüfungen gestellt werden, sind im *Aufgabenheft der LPO* niedergelegt. Es gibt Prüfungen der Klasse E (Eingangsklasse), Klasse A (Anfängerklasse), Klasse L

(Leichte Klasse), Klasse M (Mittlere Klasse) und Klasse S (Schwere Klasse). Mit Rücksicht darauf, daß das Freizeitreiten einen erheblichen Aufschwung genommen hat, sind Prüfungen der Kl. E (Eingangsklasse) in das Aufgabenheft aufgenommen.

Es kommen zur Anwendung:
– das Gemeinsame Richtverfahren
– das Getrennte Richtverfahren.
Beim *Gemeinsamen Richtverfahren* sitzen die Richter an *einem* Tisch und geben nach kurzer Aussprache *gemeinsam* eine Wertnote.

Es gibt folgende Wertnoten:

10 = ausgezeichnet;	4 = mangelhaft;
9 = sehr gut;	3 = ziemlich schlecht;
8 = gut;	2 = schlecht;
7 = ziemlich gut;	1 = sehr schlecht;
6 = befriedigend;	0 = nicht ausgeführt.
5 = genügend;	

Bei diesem Verfahren ist die Verwendung einer Dezimalstelle hinter der vollen Note, z. B. 7.2 oder 6.1 zulässig.

In Dressurprüfungen der Klassen E und A ist dieses Verfahren vorgeschrieben. In den höheren Klassen *kann* es zur Anwendung kommen. Die Entscheidung hierüber liegt beim Turnierveranstalter, der das vorgesehene Verfahren aber ausdrücklich in der Ausschreibung mitzuteilen hat.
Man nennt dieses Richtverfahren das Richten nach freiem Ermessen.
Für jede Prüfung ist durch die Richter ein Protokoll anzufertigen, das dem Teilnehmer zur Verfügung steht. Das Protokoll soll den Verlauf der Prüfung in klarer Reitersprache darstellen und Höhepunkte und Schwächen der Vorführung deutlich hervortreten lassen. Sinn und Zweck des Protokolls ist es, dem Reiter ein einwandfreies Bild seiner Leistung zu geben und ihm und seinem Ausbilder dadurch für seine weitere Arbeit zu helfen.

Beim *Getrennten Richtverfahren* sitzt jeder Richter an einem eigenen Tisch und gibt seine Wertnote allein. Es findet unter den Richtern keine Aussprache statt. Einer der Richter fertigt ein Protokoll an. Die Wertnoten der einzelnen Richter werden zusammengezählt und durch die Zahl der Richter geteilt. Hieraus ergibt sich die Wertnote, die für die Plazierung maßgebend ist. Ergeben sich für mehrere Teilnehmer gleiche Wertnoten, so werden diese Teilnehmer auf dem gleichen Rang plaziert, wobei die Geldpreise gleichmäßig aufgeteilt werden. Wie schon erwähnt, *kann* dieses Verfahren bei Dressurprüfungen der Klassen L, M und S angewendet werden. Man spricht auch hierbei vom Richten nach Freiem Ermessen. Die Verwendung einer Dezimalstelle nach der vollen Wertnote ist auch hierbei zulässig.

Das Aufgabenheft der LPO läßt für die Dressurprüfungen der Klassen L, M und S ein weiteres Richtverfahren zu, das *Richten mit Notenbogen.* Es ist dies ebenfalls ein getrenntes Richtverfahren, bei dem für die einzelnen Lektionen der Aufgabe je eine volle Wertnote von 10 bis 0 zu geben ist. Dezimalstellen sind hierbei nicht erlaubt. Der Turnierveranstalter kann einen Notenvergleich zulassen.

Beim Richten nach Notenbogen sind außer der Benotung der einzelnen Lektionen noch Gesamtnoten zu geben. Bei Auslassungen und Verreiten erfolgt ein Abzug.
Die Summe aller Wertnoten ergibt die Gesamtsumme. Die Gesamtsummen aller Richter ergeben die Plazierung.
Beim Richten mit Notenbogen ist es sehr erwünscht, daß jeder Richter möglichst viele Bemerkungen zu den einzelnen Lektionen macht. Bei Wertnoten von 5 und darunter ist schriftliche Begründung vorgeschrieben. Der Reiter soll aus diesen Bemerkungen zweifelsfrei ersehen können, aus welchem Grunde er diese Wertnote erhalten hat.
Wenn auch die LPO das Richten einer Dressurprüfung durch *einen* anerkannten Richter gestattet, so ist doch anzustreben, daß in den Prüfungen der Klassen E, A und L zwei, und in den Prüfungen der Klassen M und S drei Richter mitwirken.

	Ausritt und Training	Jagd	Geländeprüfungen	Jagdpferdeignungsprüfungen, Springprüfungen	Dressurprüfungen E, A und L	Material- und Eignungsprüfungen	Dressurprüfungen höchster Klasse	Festlichkeiten
Stiefel	zur Stiefelhose schwarze Stiefel; zur Jodhpurhose: Stiefeletten	zum roten Rock: schwarze Stiefel mit brauner Jagdstulpe; zum schwarzen Rock: schwarze Stiefel	schwarze Stiefel	zum roten Rock: schwarze Stiefel mit brauner Jagdstulpe; zum schwarzen Rock: schwarze Stiefel	schwarze Stiefel	schwarze Stiefel	schwarze Stiefel	schwarze Stiefel
Hosen	Stiefelhose oder Jodhpurhose	weiße Stiefelhose	weiße oder helle Stiefelhose	weiße oder helle Stiefelhose	weiße Stiefelhose	weiße oder helle Stiefelhose	weiße Stiefelhose	weiße Stiefelhose
Jacken	Sportliche Reitjacke oder Pullover	Damen u. Herren: roter oder schwarzer oder andersfarbiger Reitrock	sportliche Reitjacke	Herren: roter Rock oder schwarzer Reitrock; Damen: schwarze Reitjacke	schwarze Reitjacke	schwarzer Reitrock	schwarzer Reitrock oder Reitfrack mit Weste (gelb)	schwarzer Reitrock
Kopfbedeckungen	Reitkappe	Herren: schwarze Reitkappe; Damen: schwarze Reitkappe oder Melone	sturzfeste Reitkappe	Herren: schwarze Reitkappe; Damen: schwarze Reitkappe oder Melone	Reitkappe oder Melone	Reitkappe oder Melone	Zylinder	Zylinder oder Melone
Handschuhe	Reithandschuhe (mit Zügelverstärkung)	weiße Leder- oder Strickhandschuhe	naturfarbene Lederhandschuhe	weiße Leder- oder Strickhandschuhe	weiße Leder- oder Strickhandschuhe	weiße Leder- oder Strickhandschuhe	weiße Lederhandschuhe	weiße Leder- oder Strickhandschuhe
Krawatten, Plastrons		Krawatte	Krawatte	Krawatte	weiße Krawatte oder Plastron mit Nadel	weiße Krawatte oder Plastron mit Nadel	Plastron mit Nadel	Plastron mit Nadel
Sporen	zum Stiefel: Anschnallsporen	Sporen	Schlaufensporen	Sporen	Sporen	Sporen	Sporen	Sporen
Gerten, Peitschen	Reitgerte	Reitstock	Reitstock	Reitstock oder Reitgerte (bis zu 80 cm)	Dressurgerte	Reitstock oder Reitgerte	Gerte erlaubt (nur national)	Reitgerte

Vorbereitung und Training für die praktische Prüfung

Teil 3

Fertigkeit im dressurmäßigen Reiten

Wie die Erfahrung lehrt, scheitern gerade in dieser Teilprüfung Bewerber häufiger, weil ihnen ein wirklich voll geeignetes Pferd nicht zur Verfügung gestellt worden ist. Die Bestimmungen schreiben ausdrücklich vor, daß das Pferd den Anforderungen der Klasse A genügen *muß*.

Und welche Grundanforderung ist in erster Linie zu erfüllen? Das Pferd muß während der ganzen Aufgabe sicher *am Zügel stehen* und mit schwingendem Rücken gehen, damit der Reiter ruhig, sicher, losgelassen und geschmeidig sitzen kann. Auf guten Sitz wird besonderer Wert gelegt.

Da es sich hier um eine Leistungsprüfung handelt, kann durch die Richter nur das beurteilt werden, was an Leistung gezeigt wird. Die mangelnde reiterliche Qualität eines Pferdes kann nicht dazu führen, die Leistung des Reiters dennoch günstiger zu beurteilen.

Das Reiten ohne Bügel (die Bügel werden vor den Sattel rechts und links vom Pferdehals gelegt) ist ein Prüfstein für den ruhigen und sicheren Sitz des Reiters. Die Abnahme der Prüfung kann einzeln und in der Abteilung erfolgen.

Ein Beispiel für eine Dressurprüfung im Rahmen der Klasse A:
(Einzelreiten)

Die Prüfung wird auf einem Reitviereck von 20 mal 40 m in einer geschlossenen Reitbahn oder auf einem offenen Reitplatz geritten. Auf einem offenen Reitplatz müssen das Viereck deutlich umrandet und die verschiedenen Bahnpunkte markiert sein. Die Aufgabe wird kommandiert.

R. H. bedeutet rechte Hand – L. H. bedeutet linke Hand.

R. H. Einreiten im Arbeitstrab. Im Mittelpunkt halten. Gruß. Anreiten im Arbeitstrab, auf die rechte Hand gehen ($\frac{1}{2}$-mal herum). Durch die Länge der Bahn wechseln.

L. H. Mitte der nächsten kurzen Seite halten. Im Arbeitstempo antraben. An der nächsten langen Seite einfache Schlangenlinie.
Durch die ganze Bahn wechseln.

R. H. Mitte der nächsten langen Seite eine Volte von 8 Schritt Durchmesser.
Mitte der kurzen Seite (vor den Richtern) halten.
Im Mittelschritt anreiten.
Mitte der nächsten kurzen Seite im Arbeitstempo angaloppieren. Auf dem Zirkel geritten ($1\frac{1}{2}$-mal herum).
Aus dem Zirkel wechseln ($1\frac{1}{2}$-mal herum).

L. H. Ganze Bahn. Mitte der nächsten kurzen Seite Arbeitstrab. Durch die ganze Bahn wechseln.

R. H. Mitte der nächsten kurzen Seite Mittelschritt (vor den Richtern).
Mitte der nächsten langen Seite im Arbeitstempo antraben. Auf die Mittellinie gehen. Im Mittelpunkt halten. Gruß.
Im Mittelschritt anreiten, Zügel aus der Hand kauen lassen. Springen.

Die nebenstehende Grafik auf Seite 75 zeigt den Ablauf der Prüfung entsprechend der Aufgabe.

Der korrekte Gruß:

Dressurreiter
(auch Springreiter)

Dressurreiterin

Springreiterin

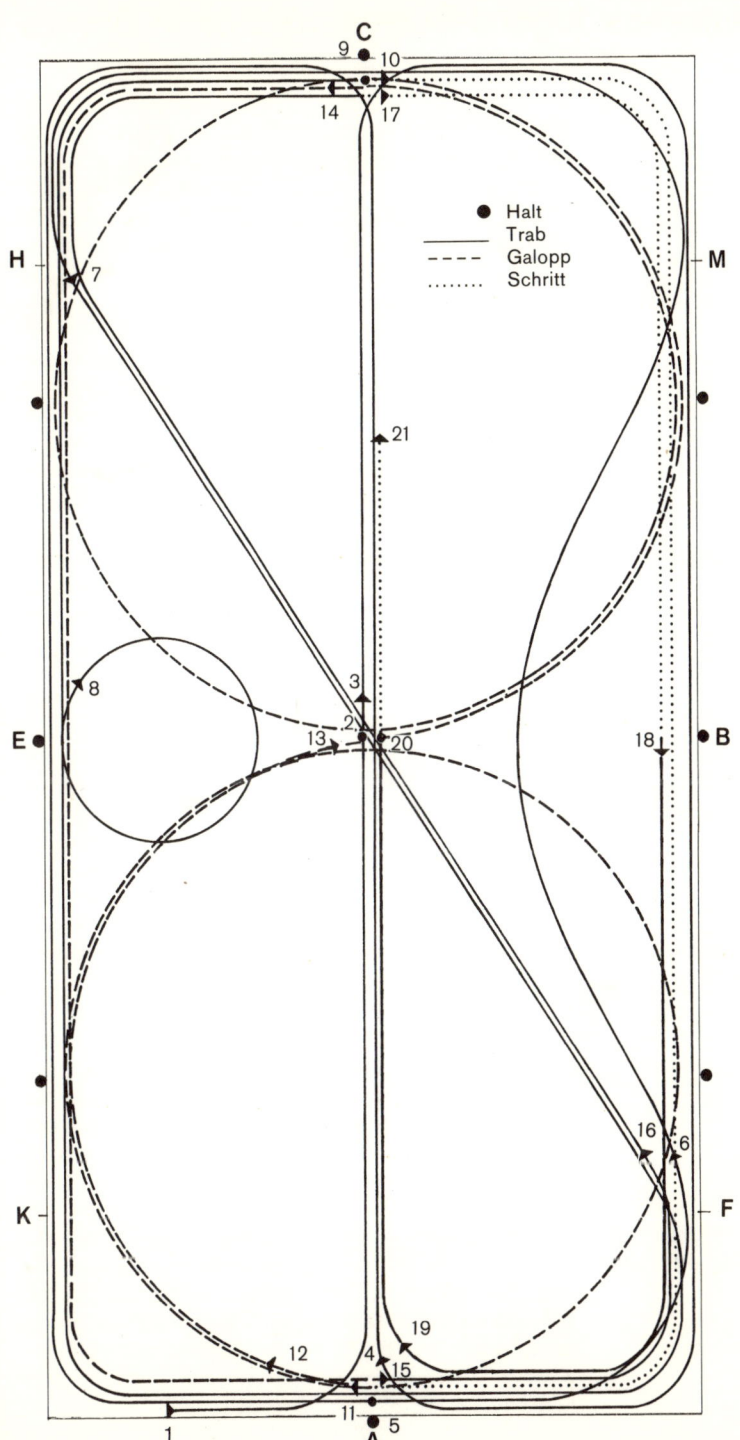

Halt
Trab
Galopp
Schritt

? *Wie sollen die einzelnen Lektionen dieser Aufgabe ausgeführt werden?*

Halten

Wie schon erwähnt, muß das Pferd während der ganzen Aufgabe am Zügel stehen. Nach einer geschmeidigen ganzen Parade soll das Pferd im Mittelpunkt so stehen, daß sich der Oberkörper des Reiters über dem Punkt X befindet. Es soll gleichmäßig auf allen vier Beinen, in sich gerade und unbeweglich stehen, auch beim Gruß.

Mängel
Das Pferd bleibt nicht ruhig stehen. Es tritt seitwärts, vorwärts oder rückwärts.

Anreiten im Arbeitstrab

Das Anreiten soll vom Fleck weg erfolgen. Der erste Tritt soll ein Trabtritt sein. Das Anreiten soll geradeaus erfolgen.

Mängel
Der Reiter kommt erst über einige Schritte zum Arbeitstrab. Er reitet nicht geradeaus an.

Durch die Länge der Bahn wechseln

Das Abwenden von der kurzen Seite auf die Mittellinie erfolgt wie beim Einreiten in korrekter Stellung und Biegung, ebenso das Abwenden auf die folgende kurze Seite. Auf der Mittellinie soll das Pferd in sich vollständig gerade sein und das Arbeitstempo gleichmäßig eingehalten werden. Der Reiter soll genau durch den Mittelpunkt der Bahn reiten.

Mängel
Der Reiter wendet zu früh oder zu spät auf die Mittellinie ab. Er stellt und biegt sein Pferd beim Abwenden nicht korrekt. Er reitet auf der Mittellinie schwankend, d. h. er reitet nicht geradeaus, das Pferd verläßt die Mittellinie nach rechts oder links oder nach beiden Seiten. Das Pferd ist in sich nicht gerade.

Halten auf der kurzen Seite

Hier gilt dasselbe wie beim Einreiten zu Beginn der Aufgabe. Der Oberkörper des Reiters soll sich genau in der Höhe der Mitte der kurzen Seite (Punkt A) befinden. Das Anreiten zum Arbeitstrab soll genau so erfolgen wie nach der Aufstellung zum Gruß.

Mängel
Der Reiter hält nicht bei Punkt A, sondern davor oder dahinter. Er kommt erst über einige Schritte zum Halten. Das Pferd steht nicht gleichmäßig auf allen vier Beinen. Das Pferd steht nicht unbeweglich, sondern tritt zurück oder seitwärts.
Das Anreiten erfolgt nicht vom Fleck weg im Arbeitstrabe, sondern über einige Schritte.

Die einfache Schlangenlinie

Sie beginnt am ersten Wechselpunkt der langen Seite und endet am zweiten Wechselpunkt der langen Seite. Beim Verlassen des Hufschlages soll das Pferd in die Bewegungsrichtung leicht gestellt, in Höhe der Mitte der langen Seite geradegerichtet und danach in die neue Bewegungsrichtung leicht gestellt sein. Der Reiter soll in Höhe der Mitte der langen Seite am weitesten vom Hufschlag der langen Seite entfernt sein, und zwar maximal 6 m.

Mängel
Der Reiter beginnt die Schlangenlinie schon vor oder erst nach dem ersten Wechselpunkt der langen Seite. Er beendet die Schlangenlinie schon vor oder erst nach dem zweiten Wechselpunkt der langen Seite. Für das genaue Einhalten des vorgeschriebenen Weges ist immer der Oberkörper des Reiters maßgebend. Der Reiter reitet die Schlangenlinie nicht in einer gleichmäßig gebogenen Linie, oder er reitet die Bögen zu flach, oder er entfernt sich zu weit vom Hufschlag der langen Seite. Er versäumt es, sein Pferd zu stellen, geradezurichten und umzustellen.

Durch die ganze Bahn wechseln

Der Reiter soll am Wechselpunkt der langen Seite abwenden, durch den Mittelpunkt der Bahn reiten und am Wechselpunkt der gegenüberliegenden langen Seite ankommen. Er soll geradeaus von Punkt zu Punkt reiten.

Mängel
Der Reiter wendet zu früh oder zu spät von der langen Seite ab. Er reitet nicht geradeaus, sondern schwankend. Er durchreitet nicht den Mittelpunkt der Bahn. Er erreicht die gegenüberliegende lange Seite bereits vor oder erst nach dem Wechselpunkt.

Die Volte von 8 Meter Durchmesser

Sie soll durch eine halbe Parade eingeleitet werden. Der Reiter wendet von der langen Seite ab, wenn sich sein Oberkörper in Höhe der Mitte der langen Seite befindet. Er stellt und biegt sein Pferd rechts und reitet in gleichmäßigem Tempo einen Kreisbogen, der genau dort endet, wo er begonnen hat. Nach Beendigung der Volte wird das Pferd wieder geradegerichtet.

Mängel
Der Reiter wendet zu früh oder zu spät ab. Er reitet die Volte zu groß oder zu klein. Er versäumt es, sein Pferd korrekt zu stellen und zu biegen. Er reitet die Volte nicht kreisrund. Er reitet nicht in gleichmäßigem Tempo. Das Pferd »schleudert« mit der Hinterhand, weil der äußere Schenkel des Reiters nicht

Halten
genügend einwirkt. Für das *Halten* gilt das auf S. 76 Gesagte.

Der Mittelschritt

Er soll fleißig, raumgreifend und geregelt sein.

Mängel
Es fehlt an Fleiß. Das Pferd gewinnt nicht genügend Boden, d. h. die Hufspuren der Hinterbeine greifen nicht über die der Vorderbeine hinaus; man spricht hier von einem gebundenen Schritt. Die Schritte des Pferdes sind nicht gleichmäßig im Viertakt. Das Pferd eilt.

Das Angaloppieren aus dem Mittelschritt

Es soll durch eine halbe Parade eingeleitet werden. Es soll erfolgen, wenn sich der Oberkörper des Reiters in Höhe der Mitte der kurzen Seite (Punkt A) befindet. Die Hilfe zum Angaloppieren soll möglichst wenig sichtbar sein.

Mängel
Das Angaloppieren erfolgt zu früh oder spät, d. h. bereits vor Punkt A oder erst nach Punkt A. Das Pferd galoppiert nicht aus dem Schritt, sondern erst nach einigen Trabtritten an. Das Pferd galoppiert auf der falschen Hand an. Der Reiter wirkt zu sichtbar ein. Schiefes Angaloppieren.

Auf dem Zirkel geritten und aus dem Zirkel wechseln

Auf dem Zirkel, einem Kreisbogen von 20 m Durchmesser, soll der Reiter den Hufschlag der Bahn dreimal für die Dauer einer Pferdelänge berühren, und zwar auf der kurzen Seite und auf den beiden

langen Seiten. Es sind dies die Zirkelpunkte. Der
vierte Zirkelpunkt ist der Mittelpunkt der Bahn,
Punkt X.
Die Aufgabe verlangt nach dem Angaloppieren bei
Punkt A sofort das Reiten auf dem Zirkel. Der Reiter
muß also sofort auf die Zirkellinie abwenden und
darf nicht in die Ecke hineinreiten. Er soll sein Pferd
der Zirkellinie entsprechend stellen und biegen.
Der äußere Schenkel soll, gut anliegend, verhindern,
daß die Hinterhand des Pferdes nach außen schleudert und das Pferd dadurch auf zwei Hufschlägen
galoppiert. Das Pferd soll auf *einem* Hufschlag galoppieren. Die Zirkellinie soll kreisrund geritten
werden.

Mängel
Der Reiter reitet in die Ecken hinein. Er versäumt es,
sein Pferd zu stellen und zu biegen. Die Hinterhand
schleudert. Er reitet den Zirkel nicht kreisrund und
reitet nicht von Zirkelpunkt zu Zirkelpunkt. Er reitet
nicht eine Pferdelänge, sondern länger auf dem Hufschlag der Bahn. Er reitet nicht durch den Mittelpunkt der Bahn (Punkt X).
Der Wechsel aus dem Zirkel verlangt einen *einfachen Galoppwechsel* im Mittelpunkt der Bahn
(Punkt X). Der Reiter soll aus dem Galopp zum
Schritt durchparieren und nach zwei bis drei Schritten auf der anderen Hand angaloppieren. Die Parade soll $\frac{1}{2}$ Pferdelänge vor Punkt X durchgeführt
werden, so daß das Pferd $\frac{1}{2}$ Pferdelänge nach
Punkt X wieder angaloppiert. Der einfache Galoppwechsel soll senkrecht zur langen Seite ausgeführt
werden.
Nach dem einfachen Galoppwechsel soll der Reiter
sein Pferd der neuen Zirkellinie entsprechend stellen und biegen.

Mängel
Der Reiter pariert nicht zum Schritt durch, sondern
kommt erst über einige Trabtritte zum Schritt, aus
dem er dann erneut angaloppiert. Der Reiter pariert
nicht zum Schritt durch, sondern zum Trabe und
galoppiert aus dem Trabe erneut an. Der Reiter
pariert zwar zum Schritt durch, galoppiert aber erst
nach mehr als drei Schritten an. Der Reiter versäumt
es, sein Pferd entsprechend der neuen Zirkellinie

zu stellen und zu biegen. Das Pferd galoppiert falsch oder auf zwei Hufschlägen an.

Der Übergang vom Arbeitsgalopp zum Arbeitstrab soll fließend und geschmeidig sein. Der Wechsel durch die ganze Bahn wurde bereits beschrieben. Ebenso wurden das Reiten auf der Mittellinie, das Halten im Mittelpunkt und der Gruß bereits erläutert. Nach dem Gruß soll der Reiter im Mittelschritt anreiten und die Zügel aus der Hand kauen lassen. Er läßt beide Zügel durch die Hände gleiten, so daß sich das Pferd im Halse völlig vorwärts-abwärts strecken kann.

Ein Beispiel für eine Dressurprüfung Klasse A (Abteilungsreiten)

Diese Prüfung wird ebenfalls auf einem Reitviereck von 20 mal 40 m geritten. Die Aufgabe wird kommandiert. Die Abteilung besteht aus drei Reitern.

Im Mittelschritt einreiten. Im Mittelpunkt halten. Gruß.

R. H. Abteilung zu einem rechts brecht ab – Marsch ($\frac{1}{2}$mal herum). Abteilung im Arbeitstempo – Trab, leicht traben (1mal herum). Durch die ganze Bahn wechseln, danach aussitzen ($\frac{1}{2}$mal herum). Abtei-

L. H. lung – Schritt. Abteilung – Halt (auf der langen Seite).

Auf der Vorderhand rechtsum kehrt – Marsch.

R. H. Abteilung im Arbeitstempo – Trab, auf dem Zirkel geritten (1mal herum).

L. H. Abteilung im Arbeitstempo – Galopp-Marsch. (1mal herum). Abteilung im Arbeitstempo-Trab, aus dem Zirkel wechseln.

R. H. Abteilung im Arbeitstempo – Galopp – Marsch (1mal herum), ganze Bahn.

Mittelgalopp (1mal herum), Abteilung im Arbeitstempo – Trab. Abteilung – Schritt, Abteilung kehrt – Marsch.

R. H. Abteilung im Arbeitstempo – Trab ($\frac{1}{2}$mal herum). Mitteltrab (1mal herum), im Arbeitstempo ($\frac{1}{2}$mal herum).

Von der kurzen Seite auf die Mittellinie abwenden und ohne Zwischenräume links marschiert auf – Marsch.

Anfang – Halt. Gruß.

Im Mittelschritt anreiten und die Zügel aus der Hand kauen lassen. Einzeln springen.

Bestandteil der Prüfung ist das Springen eines bis zu 70 cm hohen und einladend aufgebauten Hindernisses. Das Pferd soll willig und ohne eilig zu werden an den Sprung herangehen und ihn mühelos überwinden.

Beim ersten Ungehorsam des Pferdes (Verweigern) werden 0,2 Punkte von der Wertnote für die Dressurprüfung abgezogen. Der gleiche Abzug erfolgt, wenn sich der Reiter durch eigenes Verschulden verreitet.

Beim zweiten Ungehorsam des Pferdes erfolgt ein weiterer Abzug von 0,4 Punkten, ebenso beim zweiten vom Reiter verschuldeten Verreiten.
Der dritte Ungehorsam des Pferdes und das dritte vom Reiter verschuldete Verreiten schließt den Reiter von der ganzen Prüfung aus.
Der Reiter hat seine Fertigkeit im dressurmäßigen Reiten bewiesen, wenn er eine Wertnote von 5,0 oder besser erzielt hat. Abwerfen der Stange bringt keinen Punktabzug.

? Wie sollen die einzelnen Lektionen ausgeführt werden?

Das Reiten in der Abteilung stellt an den einzelnen Reiter höhere Anforderungen als beim Einzelreiten. Der Reiter muß nicht nur sein eigenes Pferd beherrschen, sondern darüber hinaus den vorgeschriebenen Abstand zu seinem Vorreiter während der ganzen Aufgabe und in allen Gangarten einhalten. Dem Anfangsreiter, der an der Spitze der Abteilung reitet, fällt die Aufgabe zu, in allen Gangarten ein gleichmäßiges Tempo zu reiten und sich durch gelegentliches kurzes Umsehen davon zu überzeugen, daß ihm die Abteilung im korrekten Abstand folgt. Der Abstand von Reiter zu Reiter beträgt zwei Pferdelängen oder sechs Schritt. Er wird vom Schweif des Vorderpferdes bis zum Kopf des eigenen Pferdes gemessen.
Die Kommandos beim Abteilungsreiten gehen aus dem Text der Aufgabe hervor.
Nachfolgend werden nur die Lektionen erläutert, die in der Aufgabe für das Einzelreiten noch nicht beschrieben worden sind.

Das Einreiten und das Halten im Mittelpunkt

Die Abteilung ordnet sich auf der rechten Hand und reitet von der kurzen Seite aus ein. Der Anfangsreiter wendet bereits eine Pferdelänge (3 Meter) vor der Mittellinie ab. Der zweite Reiter wendet so ab, daß er genau auf die Mittellinie kommt. Der dritte Reiter wendet eine Pferdelänge (3 Schritt) nach der Mittellinie ab.

Alle drei Reiter reiten geradeaus bis in Höhe des Mittelpunktes der Bahn und halten dort. Sie stehen dann mit einem Zwischenraum von einer Pferdelänge (3 Schritt) in gleicher Höhe nebeneinander.

Das Anreiten

Es erfolgt im Mittelschritt. Der Anfangsreiter reitet zuerst an. Er reitet auf geradem Wege bis zur kurzen Seite und geht dort auf die rechte Hand. Zwei Pferdelängen (6 Schritt) nach dem Anfangsreiter reitet der mittlere Reiter an. Er reitet auf der Mittellinie und wendet an der kurzen Seite auf die rechte Hand ab. Zwei Pferdelängen nach dem mittleren Reiter reitet der linke Reiter an. Er reitet auf geradem Wege bis zur kurzen Seite und geht dort auf die rechte Hand.

Die Wendung auf der Vorhand links

Der Reiter stellt sein Pferd rechts und verkürzt etwas den rechten Zügel, der jetzt der innere Zügel ist. Er verlagert sein Gewicht nach innen (rechts). Der innere (rechte) Schenkel, leicht hinter dem Sattelgurt liegend, drückt sodann die Hinterhand Tritt für Tritt um die Vorhand herum, bis die Wendung von 180° vollendet ist. Der äußere (linke) Schenkel,

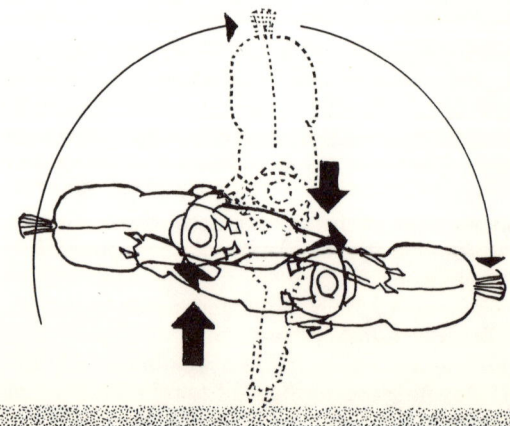

Wendung auf der Vorhand

verwahrend hinter dem Sattelgurt liegend, fängt jeden zweiten Tritt der Hinterhand auf, so daß eine Pause eintritt und ein Herumschleudern der Hinterhand vermieden wird. Das Pferd soll in der Wendung nicht vortreten. Der leichtere Fehler ist das Zurücktreten.

Die Wendung auf der Vorhand muß in einer geschlossenen Reitbahn, in der der Hufschlag an der Bande verläuft, auf dem zweiten Hufschlag ausgeführt werden, weil das Pferd mit Hals und Kopf an der Bande nicht genügend Platz hat.

Das Aufmarschieren zur Schlußaufstellung

Der Anfangsreiter wendet auf die Mittellinie ab und reitet nach etwa zwei bis drei Pferdelängen eine Pferdebreite rechts von der Mittellinie bis zum Kommando Halt. Der zweite Reiter reitet auf der Mittellinie. Der dritte Reiter verhält sich wie der Anfangsreiter, reitet jedoch links von der Mittellinie.

Die drei Reiter stehen dann ohne Zwischenräume, d. h. Bügel an Bügel, in gleicher Höhe.

Das Einhalten der korrekten Abstände während der Prüfung ist ein Wertmesser für die Beurteilung der einzelnen Reiter. Der Anfangsreiter kann im Verlauf der Prüfung gewechselt werden.

Wichtig für die Disziplin in der gesamten Abteilung ist es, daß alle Reiter beim Übergang von einer Gangart in eine andere Gangart gleichzeitig reagieren.

Einige grundlegende Merkmale einer korrekt gerittenen Dressurprüfung

- Ständiges Am-Zügel-Stehen des Pferdes mit feiner Verbindung zwischen Reiterhand und Pferdemaul. Durchlässigkeit.
- Lebendige Ausführung aller Lektionen, wobei das zeitweilige leichte Hinausgehen über das jeweils verlangte Tempo weniger ins Gewicht fällt als das Nichterreichen des jeweils verlangten Tempos.
- Geregelte Grundgangarten.
- Gleichmäßigkeit der Grundgangarten.
- Geschmeidigkeit der Bewegungen.
- Sorgfältiges Ausreiten der Ecken und genaue Einhaltung der Hufschlagfiguren.
- Korrekte Stellung und Biegung auf gebogene Linien.
- Korrekter Sitz und dezente Einwirkung des Reiters.

Fertigkeit im Reiten über Hindernisse

Die Springprüfung kann auf einem offenen Reitplatz oder in einer Reitbahn erfolgen. Bei einem offenen Reitplatz sollte der eigentliche Springplatz mit einer Umzäunung versehen sein.

Auch bei dieser Teilprüfung ist von entscheidender Bedeutung, daß dem Bewerber ein Pferd zur Verfügung steht, das den Anforderungen der Klasse A gerecht wird. Die Bestimmungen der FN sehen vor, daß diese Bedingung erfüllt sein *muß*. Der Reitlehrer oder Ausbilder sollte immer bemüht sein, seinem Schüler ein gehorsames und zuverlässiges Pferd zur Verfügung zu stellen. Auch die Springprüfung ist eine Leistungsprüfung, bei der nur die gezeigte Leistung durch die Richter bewertet werden kann.

Der *Springsitz* wurde bereits beschrieben (siehe S. 37).

Der Reiter hat einen Parcours mit mindestens acht Sprüngen über wenigstens drei verschiedenartige Hindernisse von 0,60 m bis 0,90 m Höhe zu reiten. Der Parcours ist der Gesamtweg vom Start bis zum Ziel. Start- und Ziellinie sind durch je 2 Flaggen gekennzeichnet. Das Zeichen zum Start wird durch ein akustisches Signal gegeben. Innerhalb einer Minute muß der Reiter die Startlinie passiert haben. Beim Durchreiten der Startlinie wird eine Startflagge gesenkt. Beim Durchreiten der Ziellinie wird die Zielflagge gesenkt.

? *Wie verhält sich der Reiter während des Parcours?*

Er reitet auf den Springplatz oder in die Reitbahn, nachdem er sein Pferd genügend abgeritten und einen oder mehrere Probesprünge gemacht hat. Er grüßt vor den Richtern.

Sodann trabt er an und geht in den Galopp über. Das Angaloppieren soll so rechtzeitig erfolgen, daß er die Startlinie im Galopp durchreitet. Er soll *senkrecht* auf den ersten Sprung zureiten und auch alle weiteren Sprünge senkrecht anreiten. Das schräge Anreiten eines Sprunges führt leicht zu einem Verweigern des Pferdes und sollte deshalb gerade von nicht so versierten Reitern nicht praktiziert werden.

Reiter gut in der Bewegung mitgehend　　　Reiter hinter der Bewegung zurückbleibend, beim Landen zu starke Belastung der Vorhand

Während des ganzen Parcours bleibt das Pferd im Galopp. Lediglich in Wendungen ist der vorübergehende Übergang zum Trabe gestattet.

Der Galopp soll während der ganzen Prüfung möglichst gleichmäßig im Tempo sein. Das Pferd soll nicht davonstürmen. Vor jedem Hindernis soll der Reiter sein Pferd so im Tempo regulieren, daß es den richtigen Absprung findet und das Hindernis sicher überwinden kann.

Entscheidend für die Bewertung der Springprüfung sind Sitz und Verhalten des Reiters. Es wird sein Stil bewertet, und er muß eine Stilnote von mindestens 5,0 oder besser erreichen. Dann hat er die Bedingung dieser Prüfung erfüllt.

Macht sein Pferd im Verlauf des Parcours Springfehler, so ist dies nicht von ausschlaggebender Bedeutung.

Verweigern des Pferdes (einmal oder gar zweimal) im Verlauf des Parcours hat selbstverständlich Einfluß auf die Bewertung, weil der Reiter hierdurch beweist, daß er sein Pferd noch nicht genügend beherrscht.

Verweigern, auch Ungehorsam genannt, bedeutet Stehenbleiben vor einem Hindernis. Als Verweigern gilt auch, wenn der Reiter rechts oder links an einem Hindernis vorbeireitet.

Der Reiter soll bemüht sein, auf kürzestem Wege von Sprung zu Sprung zu reiten. Reitet er im Verlauf des Parcours eine Volte oder einen größeren geschlossenen Kreisbogen, so wird dies mit den gleichen Fehlerpunkten wie ein Verweigern bestraft. Bei dreimaligem Verweigern* ist der Reiter ausgeschieden und hat die Prüfung nicht erfüllt.

*Das heißt:
1. Verweigern = 3 Punkte
2. Verweigern = 6 Punkte
3. Verweigern = Ausschluß.

Das Auslassen eines Hindernisses oder das Springen des Parcours nicht in der vorgeschriebenen Reihenfolge der Sprünge führt ebenfalls zum Ausschluß. Ebenso führt zum Ausschluß, wenn der Reiter ein Hindernis, das sein Pferd verweigert hat, nicht nochmals anreitet und dann überwindet. Ein weiterer Ausschließungsgrund liegt vor, wenn der Reiter die Startlinie durchreitet, bevor das Startzeichen gegeben worden ist. Ein Reiter, der die Ziellinie nicht durchreitet, ist ebenfalls ausgeschlossen.

Und schließlich wird ein Reiter ausgeschlossen, wenn er den Aufbau eines Hindernisses, vor dem sein Pferd verweigert hat und das zusammengefallen ist, nicht abwartet und das unvollständig aufgebaute Hindernis springt. Wenn ein Hindernis bei einem Verweigern zusammengefallen ist, so ertönt ein Signal. Erst, wenn wieder ein Signal ertönt, darf der Reiter dieses Hindernis erneut anreiten.

Hier gilt das, was einleitend über die Dressurprüfung für das Abzeichen in Bronze gesagt worden ist. Jedoch liegen die Anforderungen höher. Der Reiter muß eine Dressurprüfung der *Klasse L* reiten und eine Wertnote von mindestens 5,0 und besser erzielen. Die Abnahme der Prüfung erfolgt *für jeden Reiter einzeln.* Eine Abnahme in einer Reitabteilung gibt es nicht. Zäumung auf Trense.
Die Bestimmungen für Abzüge von der Wertnote bei Ungehorsam des Pferdes und bei schuldhaftem Verreiten gelten auch hier.

Fertigkeit im dressurmäßigen Reiten

Die einzelnen Bewegungsphasen eines Sprunges mit sehr gut sitzendem Reiter aus dem olympischen Parcours 1972 – vom Absprung bis zur Landung.

**Ein Beispiel für eine
Dressurprüfung
Klasse L
(Aufgabe L 1 der LPO)**

A–X	Einreiten im Arbeitstrab. Im Mittelpunkt halten. Gruß.
C–M–F	Im Arbeitstempo antraben. Vor den Richtern auf die rechte Hand abwenden.
A–X–C	Nach der langen Seite im *versammelten* Tempo durch die Länge der Bahn wechseln.
H–K	An der nächsten langen Seite doppelte Schlangenlinie.
A	Mitte der kurzen Seite eine Volte (6 Schritt, ca. 5 m Durchmesser).
B	Mitte der nächsten langen Seite linksum.
X	Im Mittelpunkt halten, eine Pferdelänge rückwärtsrichten.
E	Im Mittelschritt anreiten und auf die rechte Hand abwenden.
H	Aus der ersten Ecke der nächsten kurzen Seite kehrt.
E	Mitte der langen Seite im Arbeitstempo angaloppieren.
F–M	Nächste lange Seite *Mittelgalopp.* An der kurzen Seite Arbeitsgalopp.
H–X–F	Durch die ganze Bahn wechseln. Am Wechselpunkt *versammeltes* Tempo und einfacher Galoppwechsel.
E	Mitte der langen Seite eine Volte (6 Schritt, ca. 5 m Durchmesser).
M–E	Ohne Galoppwechsel durch die halbe Bahn wechseln.
A	Mitte der nächsten kurzen Seite einfacher Galoppwechsel.
F–E	Ohne Galoppwechsel durch die halbe Bahn wechseln.
C	Mitte der nächsten kurzen Seite *versammelter* Trab.
M–X–K	Im *Mitteltrab* durch die ganze Bahn wechseln.
K	Am Wechselpunkt *versammelter* Trab.
B	Mitte der nächsten langen Seite halten. *Kehrtwendung auf der Hinterhand.*
B–F–A–X	Im *versammelten* Tempo antraben, auf die Mittellinie abwenden, im Mittelpunkt halten. Gruß.
	Im Mittelschritt anreiten, Zügel aus der Hand kauen lassen. Springen.

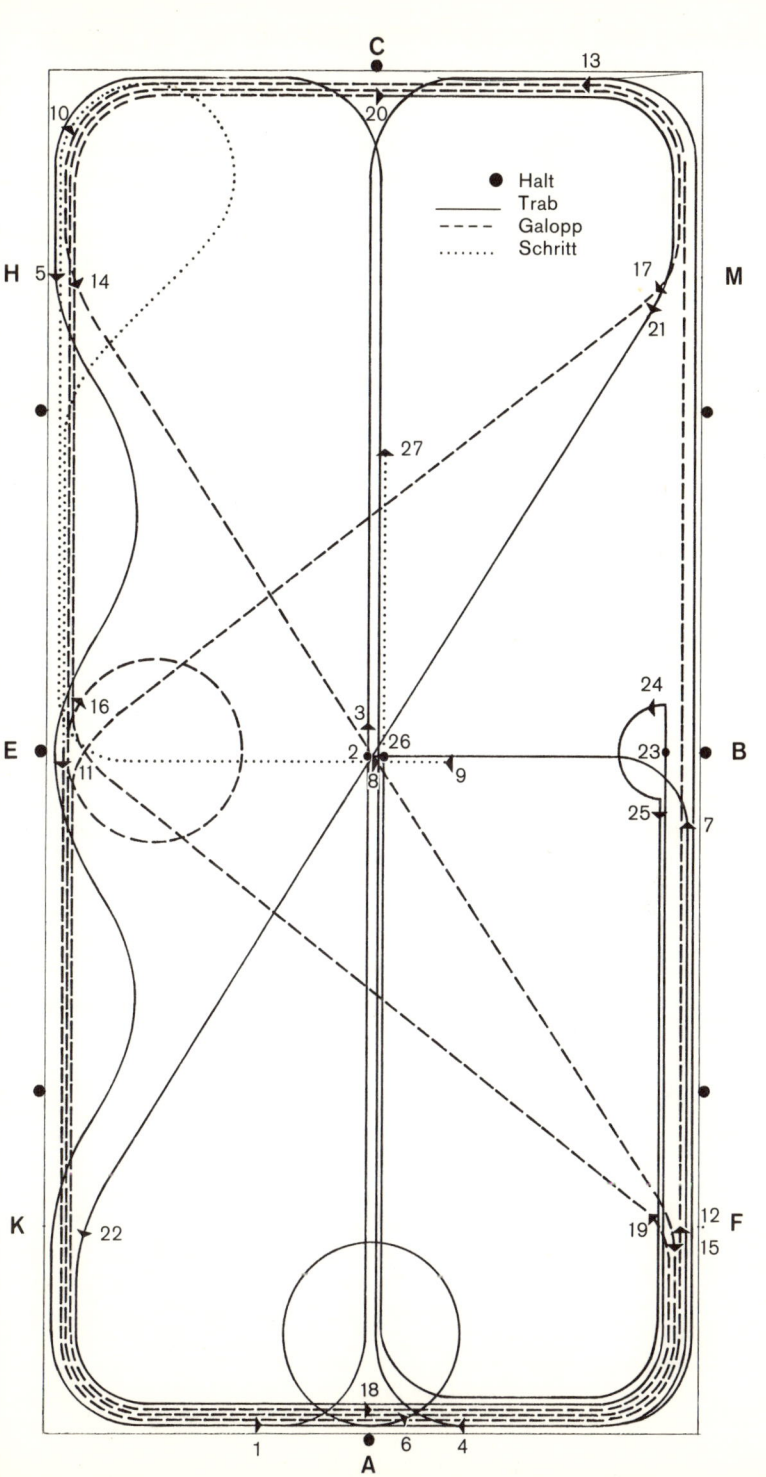

? *Wie sollen die einzelnen Lektionen dieser Aufgabe ausgeführt werden?*

Einige Lektionen dieser Aufgabe sind die gleichen wie die in der Aufgabe für das Abzeichen in Bronze. Sie werden hier daher nicht nochmals erläutert.

Im versammelten Trabe durch die Länge der Bahn wechseln

Der Übergang vom Arbeitstrab zum versammelten Trab soll deutlich hervortreten. Die Tritte des Pferdes sollen schwungvoller, die Hinterhand mehr engagiert sein. Das Tempo soll geringer als das im Arbeitstempo sein. Der versammelte Trab soll sich durch Frische auszeichnen. Der Rahmen des Pferdes soll etwas enger sein, d. h. das Pferd soll etwas mehr aufgerichtet sein.

Mängel
Der Übergang zum versammelten Trab wird nicht sichtbar. Die Hinterbeine des Pferdes zeigen keine vermehrte Aktivität. Die Bewegungen des Pferdes werden nicht schwungvoller, weil der Reiter nicht genügend einwirkt.

Die doppelte Schlangenlinie

Sie beginnt am ersten Wechselpunkt und endet am zweiten Wechselpunkt der langen Seite. Beide Bögen der Schlangenlinie sollen gleichmäßig sein und maximal 3 Schritt vom Hufschlag entfernt geritten werden. In der Mitte der langen Seite soll der Reiter den Hufschlag für die Dauer einer Pferdelänge berühren. Bei jedem Richtungswechsel soll dem Pferd entsprechend gestellt und leicht gebogen sein.

Mängel
Der Reiter wendet nicht am Wechselpunkt, sondern davor oder dahinter ab. Er reitet die Bögen zu klein oder zu groß und nicht gleichmäßig. Er versäumt es, seinem Pferde die jeweils erforderliche Stellung und Biegung zu geben. Das Pferd schleudert in den Bögen mit der Hinterhand, weil der jeweils äußere Schenkel nicht genügend eingesetzt ist. Der Reiter beendet die Schlangenlinie nicht am zweiten Wechselpunkt, sondern davor oder dahinter.

Die Volte

Hier wird die Volte, die bereits beschrieben wurde, mit einem Durchmesser von 6 Schritt (ca. 5 m) verlangt.

Es wird durch Abspannen des Kreuzes, leichtes Zurücknehmen der Unterschenkel und Annehmen beider Zügel (Einrunden beider Zügelfäuste nach innen) bewirkt. Das Pferd soll in gleichmäßigen Diagonaltritten willig rückwärts treten und dabei die Beine deutlich vom Boden abheben. Es soll sich hierbei auf *einem* Hufschlag bewegen. Eine Pferdelänge entspricht drei bis vier Tritten. Nach dieser Lektion soll das Pferd ruhig stehen.

Das Rückwärtsrichten im Mittelpunkt, eine Pferdelänge

Mängel
Das Pferd weht sich gegen die Reiterhand und kommt über oder hinter den Zügel. Es ist undurchlässig. Das Pferd ist eilig.
Die Vorderbeine des Pferdes oder dessen Hinterbeine oder beide Beinpaare schleifen über den Boden. Das Pferd weicht mit der Hinterhand seitwärts aus. Der Reiter richtet nur zwei Tritte oder mehr als vier Tritte rückwärts. Das Pferd steht nach dem Rückwärtsrichten nicht ruhig.

Sie soll die Größe einer Volte von 6 Schritt Durchmesser haben. Nachdem der Reiter eine halbe Volte geritten ist, soll er mit geradegerichtetem Pferd zum Hufschlag zurückkehren und diesen nach 9 Schritt erreichen. Das Pferd soll in der halben Volte nach innen gestellt und gebogen sein. Es soll sich während der ganzen Lektion auf *einem* Hufschlag bewegen.

Die Kehrtwendung aus der Ecke im Mittelschritt

Mängel
Der Reiter reitet die Kehrtwendung zu groß (der häufigere Mangel) oder zu eng. Er beendet die Wendung schon vor oder am Wechselpunkt der langen Seite oder erst weit dahinter. Er versäumt es, sein Pferd korrekt zu stellen und zu biegen. Das Pferd bewegt sich auf zwei Hufschlägen.

Der Übergang vom Arbeitsgalopp zum Mittelgalopp soll fließend sein und das Tempo des Mittelgalopps nach längstens zwei Pferdelängen erreicht sein. (In den Dressurprüfungen der Klassen M und S wird das volle Tempo des Mittelgalopps von Wechselpunkt zu Wechselpunkt verlangt.) Die Galoppsprünge sollen weiter sein, d. h. das Pferd soll mehr Boden gewinnen. Dabei soll sich das Pferd im Halse

Der Mittelgalopp

dehnen, der Rahmen des Pferdes weiter werden. Das Pferd, dem eine leichte Innenstellung gestattet ist, soll in sich gerade sein und auf *einem* Hufschlag galoppieren.

Auch der Übergang zum Arbeitsgalopp soll wiederum fließend sein. Bis zu zwei Pferdelängen vor dem Wechselpunkt soll der Reiter sein Pferd durch halbe Paraden zum Arbeitsgalopp zurücknehmen.

Mängel
Der Reiter entwickelt den Mittelgalopp zu spät und pariert zu früh zum Arbeitsgalopp durch. Die Galoppsprünge werden eiliger, aber nicht weiter. Der Rahmen des Pferdes wird nicht erweitert. Das Pferd galoppiert auf zwei Hufschlägen.

Durch die ganze Bahn wechseln. Am Wechselpunkt versammelter Galopp und einfacher Galoppwechsel

Beim Wechsel durch die ganze Bahn, der bei Punkt H (Oberkörper des Reiters) beginnt, soll der Reiter auf einer geraden Linie auf Punkt F zureiten und hierbei durch den Mittelpunkt der Bahn (Punkt X) reiten. Das Pferd soll sich auf *einem* Hufschlag bewegen. Der Übergang zum *versammelten* Galopp soll bei Punkt F erfolgen. Durch halbe Paraden etwa eine Pferdelänge vor Punkt F soll der Reiter diesen Übergang vorbereiten. Unmittelbar danach soll der einfache Galoppwechsel ausgeführt werden.

Im versammelten Galopp sollen die Sprünge schwungvoller und erhabener sein, das Pferd weniger Boden als im Arbeitsgalopp gewinnen und der Rahmen etwas enger werden, d. h. die Aufrichtung etwas deutlicher werden.

Mängel
Der Reiter reitet auf der Wechsellinie schwankend und reitet nicht durch den Mittelpunkt der Bahn. Das Pferd galoppiert auf zwei Hufschlägen. Der Reiter kommt mit seinen halben Paraden nicht durch, der Übergang zum versammelten Galopp wird nicht sichtbar.

Die Volte im versammelten Galopp

Hier wird eine Volte verlangt, die nur einen Durchmesser von 6 Schritt (ca. 5 m) hat.

Dabei kommt der Reiter mit Erreichen von Punkt E in den *Außengalopp.* Im Außengalopp soll das Pferd leicht nach außen gestellt, aber niemals gebogen sein. Auch beim Durchreiten der Ecke (man rundet sie etwas ab) soll die Außenstellung erhalten bleiben. Das Pferd soll auf *einem* Hufschlag galoppieren.

Ohne Galoppwechsel durch die halbe Bahn wechseln

Mängel
Der Reiter übertreibt die Stellung des Pferdes und biegt es. Das Pferd galoppiert auf zwei Hufschlägen und schleudert in der Ecke mit der Hinterhand. Die Versammlung geht verloren, die Galoppsprünge verlieren Schwung und Erhabenheit.

Er soll geschmeidig und fließend erfolgen und durch eine halbe Parade eingeleitet werden.

Der Übergang vom versammelten Galopp zum versammelten Trab

Mängel
Das Pferd kommt beim Übergang auf die Vorhand, weil der Reiter es versäumt hat, die Hinterhand durch eine halbe Parade zu engagieren.

Wie im Galopp soll der Übergang auch hier fließend sein. Die Tritte des Pferdes sollen weiter sein, das Pferd dadurch mehr Boden gewinnen. Das Pferd soll sich dabei im Halse dehnen, sein Rahmen also weiter werden. Es soll sich auf *einem* Hufschlag bewegen. Der energische Antritt aus der Hinterhand soll deutlich hervortreten. Der Übergang zum versammelten Trab soll wiederum fließend sein.

Im Mitteltrab durch die ganze Bahn wechseln

Mängel
Der Reiter entwickelt den Mitteltrab zu spät. Er erreicht das verlangte Tempo nicht. Die Tritte des Pferdes werden eiliger, aber nicht raumgreifender. Das Pferd zeigt keinen erweiterten Rahmen, es ist im Rahmen zu eng. Die Tritte sind nicht geregelt, d. h. nicht im klaren Zweitakt. Das Pferd trabt auf zwei Hufschlägen.

Der Reiter soll das Pferd zunächst nach der Seite der Wendung stellen. Er verlegt sein Gewicht vermehrt auf den inneren Gesäßknochen. Mit Gewichts- und Schenkelhilfen veranlaßt er das Abfußen des inneren Hinterfußes leicht nach vorwärts, wobei

Die Kehrtwendung auf der Hinterhand

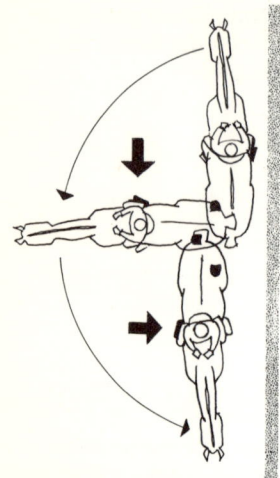

Wendung auf der
Hinterhand

gleichzeitig beide Zügel die Vorhand schrittweise um die Hinterhand herumführen. Drehpunkt soll der innere Hinterfuß sein, der sich, taktmäßig abfußend, auf einem kleinen Kreisbogen bewegen soll. Der verwahrend eingesetzte äußere Schenkel soll verhindern, daß der äußere Hinterfuß des Pferdes ausfällt, d. h. nach außen schleudert. Der äußere Hinterfuß soll einen etwas größeren Kreisbogen als der des inneren Hinterfußes beschreiben. Nach Vollendung der Wendung, bei der sich das Pferd nur bis etwa um seine Breite von der Bande entfernt hat, soll das Pferd vorwärts-seitwärts auf den Hufschlag zurückgeführt werden und danach unbeweglich stehen. Die Hinterhandwendung soll in jeder Phase den Drang nach vorwärts erkennen lassen.

Mängel
Der Reiter versäumt es, sein Pferd korrekt zu stellen. Er sitzt fälschlich nach außen und knickt in der Hüfte ein. Das Pferd tritt zu Beginn der Wendung zurück. Die Wendung wird zu groß angelegt. Das Pferd fußt mit den Hinterbeinen nicht regelmäßig ab, sondern dreht um den inneren Hinterfuß. Das Pferd tritt während der Wendung zurück. Es steht nach Ausführung der Wendung nicht ruhig.

Im versammelten Tempo antraben usw.

Hierbei kommt es darauf an, vom Fleck weg anzutraben, d. h., der erste Tritt soll ein Trabtritt sein.

Mangel
Der Reiter kommt erst über einige Schritte zum versammelten Trab.

Fertigkeit im Reiten über Hindernisse

Der Reiter muß einen Parcours der Klasse L überwinden. Dieser soll mindestens zwölf Sprünge enthalten. Die Mindestzahl der Hindernisse beträgt in der Bahn sechs, im Freien acht. Ein Hindernis kann aus bis zu drei Sprüngen bestehen. In dieser Prüfung sind nur Hindernisse bis zu zwei Sprüngen zugelassen. Man bezeichnet sie als Doppelsprung. Hier muß der Abstand vom ersten zum zweiten Sprung 7 bis 8 m oder 10 bis 11 m betragen. Der Reiter muß den Parcours beenden und dabei eine Stilnote von mindestens 5,0 oder besser erzielen. Im übrigen gelten hier alle weiteren Bestimmungen, wie sie für die Springprüfung für das Abzeichen in Bronze Geltung haben.

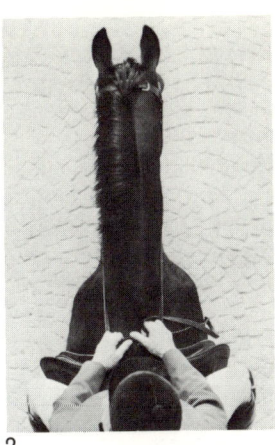

1
Gerades Pferd

2
Gerades Pferd, aber verdeckte Fäuste des Reiters

3
Korrekte Biegung und Stellung, die Zügelfäuste fälschlich links vom Widerrist

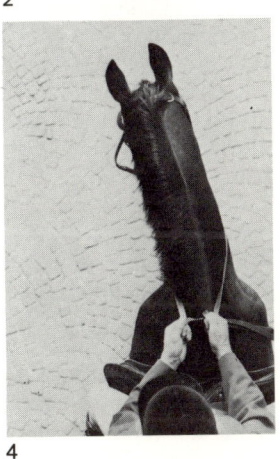

4
Keine Biegung im Hals, Pferd im Widerrist abgeknickt, keine Stellung, im Genick leicht nach links verworfen

Es wird hier das Vorreiten eines für diese Prüfung geeigneten Pferdes mit den Anforderungen einer Dressurprüfung Klasse A verlangt. Die Aufgabe ist einzeln zu reiten, Zäumung auf Trense. Eine Dressurprüfung Klasse A wurde bereits eingehend beschrieben.
Der Bewerber muß eine Wertnote von mindestens 5,0 oder besser erreichen.

Fertigkeit im dressurmäßigen Reiten

Der Reiter muß einen Parcours nach den Anforderungen einer Springprüfung der Klasse A überwinden. Hierbei gelten die bereits erläuterten Bedingungen. Der Reiter muß den Parcours beenden und eine Stilnote von 5,0 oder besser erzielen.

Fertigkeit im Reiten über Hindernisse

Fertigkeit im dressur-mäßigen Reiten — Der Reiter hat sich hier einer Dressurprüfung der Klasse L zu unterziehen. Er muß die Aufgabe einzeln reiten. Das Pferd muß auf Kandare mit Unterlegtrense gezäumt sein.

Ein Beispiel für eine Dressurprüfung Klasse L (Aufgabe L 5 der LPO) — Entscheidende Voraussetzung für eine erfolgreiche Prüfung ist auch hier, daß das Pferd während der ganzen Prüfung sicher *am Zügel steht*. Die Anforderungen sind hier deutlich höher, denn der Reiter muß eine Wertnote von 6,5 oder besser erreichen.

A–X	Einreiten im Arbeitsgalopp. Im Mittelpunkt halten. Gruß. Im versammelten Tempo antraben.
C	Rechte Hand ($\frac{1}{2}$ mal herum).
A	Durch die Länge der Bahn wechseln.
C	Linke Hand.
E	Mitte der nächsten langen Seite eine Volte (6 Schritt, ca. 5 m Durchmesser).
F–X–H	Im Mitteltrab durch die ganze Bahn wechseln.
H	Versammelter Trab.
C	Mitte der kurzen Seite (vor den Richtern) halten. 4 Tritte rückwärts richten. Im Mittelschritt anreiten ($\frac{1}{2}$ mal herum).
A	Auf die Mittellinie abwenden.
X	Im Mittelpunkt im versammelten Tempo rechts angaloppieren.
C	Rechte Hand.
F	Aus der zweiten Ecke der ersten langen Seite kehrt ohne Wechsel.
C	Mitte der kurzen Seite (vor den Richtern) einfacher Galoppwechsel.
K	Aus der zweiten Ecke der ersten langen Seite kehrt ohne Wechsel.
C	Mitte der kurzen Seite (vor den Richtern) einfacher Galoppwechsel.
C–A	Mittelgalopp ($\frac{1}{2}$ mal herum).
A	Mitte der kurzen Seite versammelter Trab.
E	An der nächsten langen Seite eine Volte.
C	Mitte der nächsten kurzen Seite (vor den Richtern) halten. Kehrtwendung auf der Hinterhand. Im Mitteltrab anreiten.
A	Auf die Mittellinie abwenden.
X	Im Mittelpunkt halten. Gruß. Im Mittelschritt anreiten. Zügel aus der Hand kauen lassen. Springen.

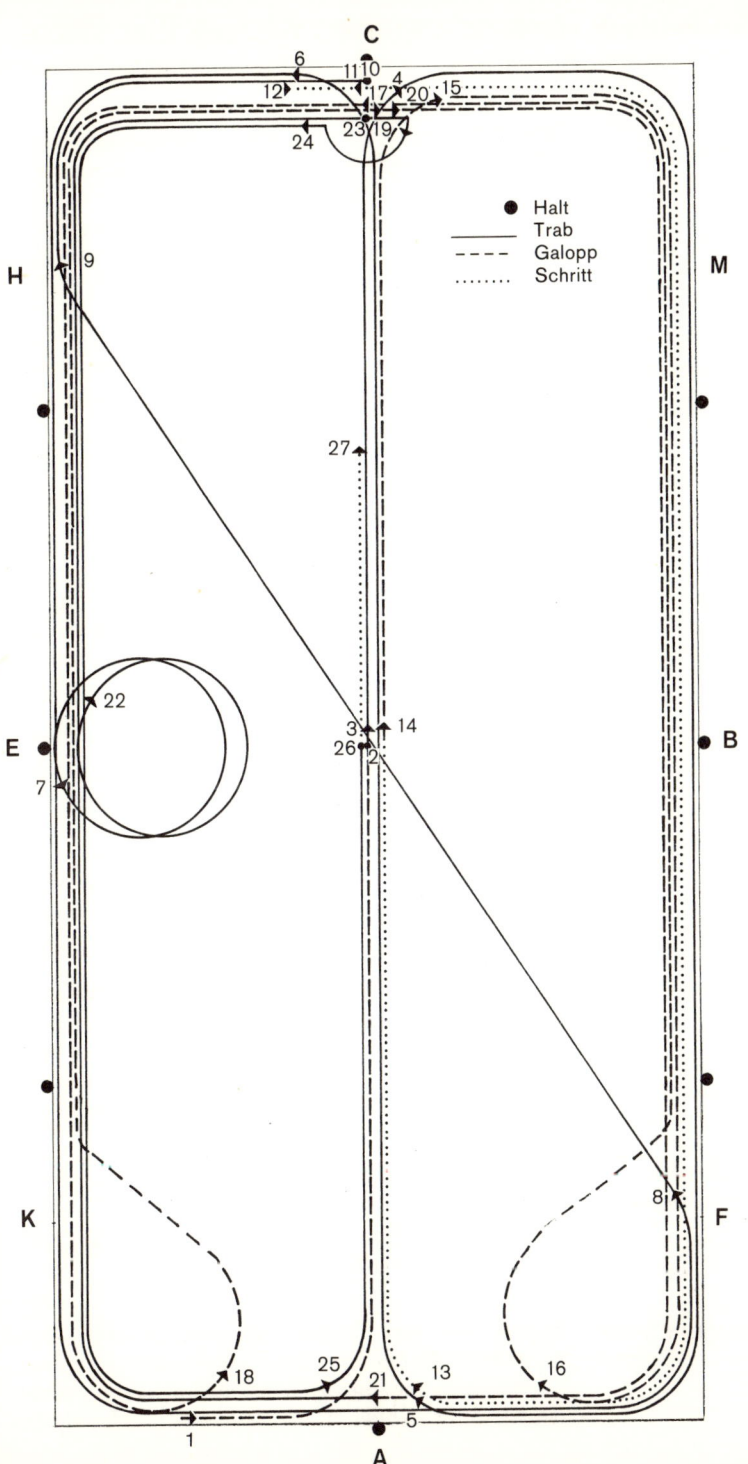

C

6
11 10
12 4
17 20 15
24 23 19

Halt
Trab
Galopp
Schritt

H 9

M

27

22

3 14
26 2

E

B

7

8

K

F

18 25 21 13 16
1 5

A

? *Wie sollen die einzelnen Lektionen dieser Aufgabe ausgeführt werden?*

Es wird hierauf verzichtet, die Lektionen, die an anderer Stelle bereits beschrieben wurden, nochmals zu erläutern.

Das Einreiten im Arbeitsgalopp

Es ist dem Reiter hier überlassen, im Rechts- oder Linksgalopp einzureiten. Das Abwenden zur Mittellinie von der Mitte der kurzen Seite soll in Form einer Viertelvolte mit korrekter Stellung und Biegung des Pferdes erfolgen. Auf der Mittellinie soll das Pferd in sich gerade sein, d. h. auf *einem* Hufschlag galoppieren. Eine feine Stellung des Pferdes nach innen ist gestattet.

Das Halten im Mittelpunkt soll aus dem Galopp erfolgen. Nach der ganzen Parade zum Halten soll das Pferd bis zum Wiederanreiten unbeweglich stehen. Das Anreiten zum versammelten Trab soll unmittelbar aus dem Halten erfolgen.

Mängel
Der Reiter wendet von der kurzen Seite zu früh ab oder er wendet zu spät ab und kommt dadurch über die Mittellinie hinaus. Er reitet auf der Mittellinie schwankend. Er stellt und biegt sein Pferd nicht beim Abwenden von der kurzen Seite. Das Pferd galoppiert auf der Mittellinie auf zwei Hufschlägen. Die ganze Parade aus dem Galopp zum Halten vollzieht sich über einige Trabtritte. Das Pferd steht beim Halten schief. Der Reiter hält nicht bei Punkt X, sondern davor oder dahinter.
Der Reiter entwickelt den versammelten Trab nicht unmittelbar aus dem Halten, sondern über einige Schritte.

Das Rückwärtsrichten vor den Richtern

Hier kommt es auf die Einhaltung der verlangten Trittzahl an.
Es gilt als Mangel, wenn der Reiter weniger oder mehr als 4 Tritte rückwärts richtet.

Der versammelte Galopp

Dieser soll sich gegenüber dem Arbeitsgalopp durch mehr Schwung und Erhabenheit auszeichnen. Die Hinterbeine des Pferdes sollen stärker engagiert sein, sie sollen mehr Gewicht aufnehmen. Die

Galoppsprünge sollen fleißig und geschmeidig sein. Im versammelten Galopp soll das Pferd etwas weniger Boden als im Arbeitsgalopp gewinnen, sein Rahmen etwas enger sein.

Das Kehrt aus der Ecke ohne Wechsel

Der Reiter soll tief in die Ecke hineinreiten, dann auf dem Bogen einer halben Volte von sechs Schritt Durchmesser wenden und danach auf geradem Wege die lange Seite nach 9 Schritt erreichen. In der Wendung soll das Pferd nach innen gestellt und gebogen sein. Das Verhalten im Außengalopp wurde bereits beschrieben.

Mängel
Der Reiter reitet die Kehrtwendung zu groß oder zu eng. Er versäumt es, sein Pferd korrekt zu stellen und zu biegen. Er kommt zu spät oder zu früh auf dem Hufschlag der langen Seite an.

Der Mittelgalopp von C nach A

Nach dem einfachen Galoppwechsel bei C muß der Reiter den Mittelgalopp sofort entwickeln, so daß er bereits auf der kurzen Seite im Mittelgalopp reitet. Dieser muß bis zum Punkt A durchgehalten werden, d. h. der Reiter muß auch die Ecke vor Punkt A im Mittelgalopp durchreiten. Hierbei ist es ihm gestattet, die Ecke etwas abzurunden.
Es gilt als Mangel, wenn der Reiter den Mittelgalopp zu spät entwickelt und ihn zu früh beendet.

Der Mitteltrab

Er folgt nach der Kehrtwendung auf der Hinterhand vor den Richtern, d. h. nach vollendeter Wendung aus dem Halten. Wenn der Übergang auch etwas fließend sein kann, so muß der Reiter doch schon auf der kurzen Seite den Mitteltrab entwickelt haben.

Rückwärtsrichten

richtig   falsch   falsch

Er darf die erste Ecke der langen Seite etwas abrunden und ebenso in der zweiten Ecke der langen Seite und beim Abwenden auf die Mittellinie von der kurzen Seite verfahren. Der Mitteltrab muß bis zum Mittelpunkt der Bahn, Punkt X, durchgehalten werden. Wichtig ist die korrekte Stellung und Biegung des Pferdes in den beiden Ecken der langen Seite und beim Abwenden auf die Mittellinie. Der Übergang zum Halten bei Punkt X soll mit deutlichem Engagement der Hinterhand und geschmeidig erfolgen.

Mängel
Der Reiter entwickelt den Mitteltrab zu spät und beendet ihn zu früh. Er erreicht das Tempo des Mitteltrabes nicht. Die Tritte des Pferdes werden eiliger, aber nicht raumgreifender. Er durchreitet die Ecken nicht im Mitteltrab. Er versäumt es, das Pferd in den Ecken korrekt zu stellen und zu biegen. Er hält nicht bei Punkt X, sondern davor oder dahinter. Bei der ganzen Parade zum Halten kommt das Pferd auf die Vorhand. Das Pferd steht beim Halten nicht unbeweglich. Es steht schief oder nicht gleichmäßig auf allen vier Beinen.

Fertigkeit im Reiten über Hindernisse

Wie in der Dressurprüfung, liegen die Anforderungen auch hier deutlich höher. Der Reiter muß einen Parcours mit den Anforderungen einer Springprüfung der Klasse L reiten, diesen beenden und eine Stilnote von 6,5 oder besser erzielen. Außerdem darf er nicht mehr als zwölf Fehlerpunkte haben. Das Um- oder Abwerfen eines Sprunges zählt vier Fehlerpunkte. Im übrigen gelten die Bestimmungen der LPO, die bereits an anderer Stelle erläutert wurden.

Das Deutsche Reiterabzeichen Klasse II in Silber kann auch durch Erfolge bei Pferdeleistungsschauen und durch Erfolge im Rennsport erworben werden. Durch Erfolge im Rennsport können nur Amateurrennreiter dieses Abzeichen erwerben.

Das Deutsche Reiterabzeichen Klasse I in Gold wird nur auf Grund von Erfolgen bei Pferdeleistungsschauen und im Rennsport verliehen.

Fragen und Antworten für die theoretische Prüfung

Teil 4

Neben der Fertigkeit im dressurmäßigen Reiten und im Reiten über Hindernisse verlangen die Bestimmungen der FN für den Erwerb eines Reiterabzeichens auch theoretische und praktische Kenntnisse des Pferde- und Reitsports.

Zum *Deutschen Jugend-Reiterabzeichen in Bronze* gehören angemessene *Grundkenntnisse* in Fragen der Reitlehre, der Zäumung und Sattelung, der Pferdepflege und Pferdehaltung. Der Bewerber muß bei der Prüfung eine Wertnote von mindestens 5,0 oder besser erzielen.

Für das *Deutsche Jugend-Reiterabzeichen in Silber* sind *Kenntnisse* in den vorstehend genannten Gebieten nachzuweisen. Nur Bewerber, die eine Wertnote von mindestens 5,0 oder besser erzielen, haben diese Prüfung bestanden.

Der Bewerber für das *Deutsche Reiterabzeichen Klasse III in Bronze* muß theoretische und praktische Kenntnisse auf dem Gebiet der Reitlehre, der Zäumung und Sattelung, der Pferdepflege, der Pferdehaltung und aus dem Leistungsprüfungswesen nachweisen. Auch er muß eine Wertnote von mindestens 5,0 oder besser erzielen.

Von einem Bewerber um das *Deutsche Reiter-Abzeichen in Silber und in Gold* wird der Nachweis theoretischer Kenntnisse nicht mehr verlangt, weil es als sicher gelten kann, daß er über diese verfügt. Fragen aus der Reitlehre sind vorstehend bereits eingehend beantwortet.

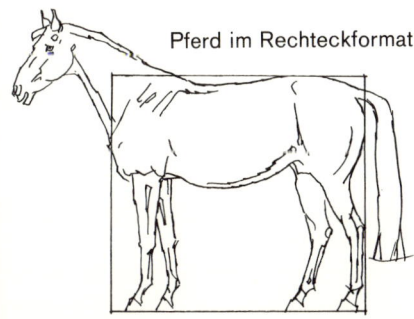

Pferd im Rechteckformat

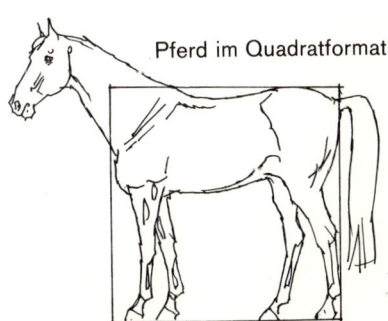

Pferd im Quadratformat

1 Wirbelsäule
2 Unterkiefer
3 Oberkiefer
4 Schulterblatt
5 Oberarmbein
6 Ellenbogengelenk
7 Unterarmbein
8 Vorderfuß-
   wurzelgelenk
9 Fesselgelenk
10 Krongelenk
11 Griffelbein
12 Hufgelenk
13 Darmbein
14 Hüftgelenk
15 Sitzbein
16 Oberschenkelbein
17 Kniescheibe
18 Kniegelenk
19 Unterschenkelbein
20 Sprunggelenk
21 Fersenbein

? *Was muß der Reiter vom Körperbau des Pferdes, seinem Knochengerüst und seiner Muskulatur wissen?*

Rumpfstrecker und Rumpfbeuger

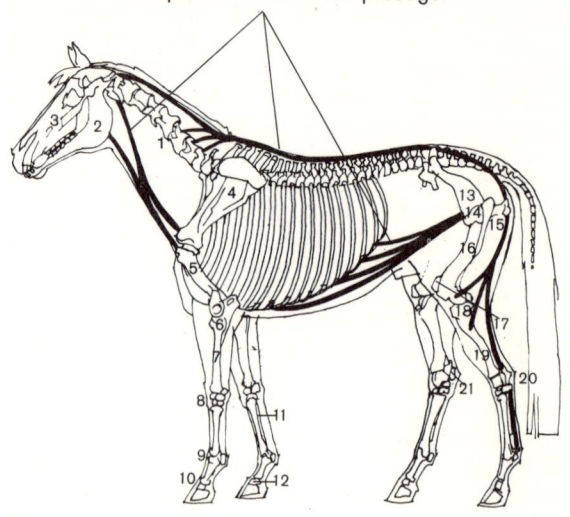

? *In welche drei Hauptteile teilt man den Pferdekörper ein?*

Vorhand, Mittelhand und Hinterhand.

? *Was gehört zur Vorhand?*

Kopf, Hals, Brust, Vorderbeine.

? *Was gehört zur Mittelhand?*

Widerrist, Rücken, Bauch.

? *Was gehört zur Hinterhand?*

Kruppe, Hinterbeine, Schweif.

? *Woraus bestehen die Vordergliedmaßen?*

Schulter, Oberarm, Unterarm, Mittelfuß, Fessel, Krone, Huf.

❓ Wie heißen die Gelenke, die die Vordergliedmaßen verbinden?

Schulterbuggelenk, Ellenbogengelenk, Vorderfußwurzelgelenk, Fesselgelenk, Kronengelenk, Hufgelenk.

❓ Woraus bestehen die Hintergliedmaßen?

Beckengürtel, Oberschenkel, Unterschenkel, Mittelfuß, Fessel, Krone, Huf.

❓ Wie heißen die Gelenke, die die Hintergliedmaßen verbinden?

Hüftgelenk, Kniegelenk, Sprunggelenk, Fesselgelenk, Kronengelenk, Hufgelenk.

1 Schopf
2 Genick
3 Nasenrücken
4 Ganaschen
5 Kehlgang
6 Bugspitze
7 Oberarm
8 Unterarm
9 Ellbogenhöcker
10 Fesselkopf
11 Fessel
12 Köten
13 Schlauch (bei Hengsten, Wallachen)
14 Kastanie
15 Knie
16 Sprunggelenk
17 Hüfte
18 Oberschenkel
19 Lende
20 Schweif
21 Kruppe
22 Sattellage
23 Widerrist
24 Mähnenkamm
25 Röhren
26 Hufkrone
27 Hanken
28 Dampfrinne
29 Schulter
30 Flanke

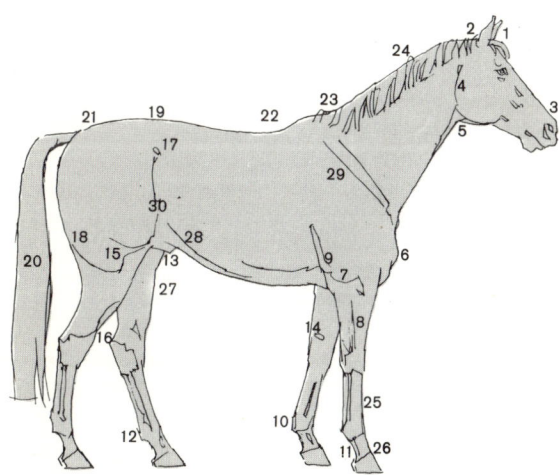

❓ Wie heißen die äußeren Teile des Hufes?

Hufkrone, Hufwand, Hufsohle mit Strahl.

❓ Wie heißen die verschiedenen Wirbel des Pferdes und wieviel gibt es davon?

7 Halswirbel, 18 Rückenwirbel, 6 Lendenwirbel, 5 Kreuzwirbel, 18–21 Schweifwirbel.

Idealer Hals

Hirschhals

Kurzer Hals

Schwanen-hals

Tief angesetzter Hals

? *Wie bezeichnet man die Gegend zwischen Unterkiefer und Hals?*

Ganaschen. Von Vorteil ist ein weniger ausgeprägter Unterkiefer. Er bewirkt ein leichteres Nachgeben des Pferdes in der Ganaschengegend, d.h. das Pferd läßt sich leichter beizäumen und rechts und links stellen; es ist eher durchlässig.

? *Wie soll der Hals des Pferdes beschaffen sein?*

Er soll genügend lang sein und sich harmonisch vom Rumpf zum Kopf verjüngen. Er soll zum Gesamtrahmen des Pferdes passen. Ein von Natur aus kurzer Hals ist nachteilig deshalb, weil sich das Pferd im Zuge seiner Ausbildung, die mit wachsender Aufrichtung verbunden sein muß, immer mit zu kurzem Hals präsentieren wird (Gleichgewichtsschwierigkeiten).

? *Wie soll die Schulter des Pferdes beschaffen sein?*

Sie soll schräg sein. Eine schräge Schulter gewährleistet guten Raumgriff in allen Gangarten. Bei einer steilen Schulter sind die Bewegungen von Natur aus begrenzt. Im Schritt gelingt eine Verbesserung des Ganges nicht. Im Trabe und im Galopp kann durch systematische Ausbildung eine gewisse Verbesserung der Gänge erreicht werden. Jedoch besteht hier die Gefahr, daß die Natürlichkeit der Bewegungen – Geschmeidigkeit und Leichtigkeit – beeinträchtigt wird.

? *Wie heißt der Übergang vom Hals zum Rücken?*

Widerrist.

? *Wie soll der Widerrist beschaffen sein?*

Er soll hoch, lang und ausgeprägt sein. Nur ein solcher Widerrist gewährleistet eine günstige und sichere Lage des Sattels. Er stellt außerdem eine

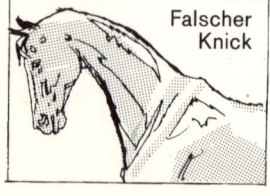

Falscher Knick

gute und belastungsfähige Verbindung zum Rücken dar. Ein flacher und wenig ausgeprägter Widerrist beeinträchtigt die gute und sichere Lage des Sattels. (Neigung zu Satteldruck).

? *Wie soll der Rücken des Pferdes beschaffen sein?*

Er soll in einem harmonischen Verhältnis zum Gesamtrahmen stehen. Ideal ist ein Rücken, der hinter dem Widerrist in der Sattellage eine leichte Senkung zeigt. Der Rücken ist die Brücke zwischen Vorhand und Hinterhand. Ein solcher Rücken schwingt in der Bewegung auf und ab und ist trag- und belastungsfähig. Er gestattet dem Reiter einen geschmeidigen, ruhigen und sicheren Sitz.
Ein kurzer Rücken schwingt weniger und beeinträchtigt dadurch den Sitz des Reiters.
Ein zu langer Rücken ist weniger tragfähig und bringt die Schwierigkeit mit sich, die Hinterhand des Pferdes im Zuge der fortschreitenden Ausbildung mehr und mehr zu engagieren.
Nachteilige Formen des Rückens sind ein gerader Rücken, ein sogenannter Karpfenrücken und ein Senkrücken.
Ein Pferd mit einem deutlich ausgeprägten Senkrücken ist von vornherein für die Ausbildung zum Dressurpferd nicht geeignet.

? *Wie heißt der Körperteil des Pferdes, der sich nach hinten dem Rücken anschließt?*

Kruppe.

? *Wie soll die Kruppe beschaffen sein?*

Sie soll lang, breit und nach hinten sanft abgerundet sein. Sie soll gut bemuskelt sein. Eine so beschaffene Kruppe mit den darunter liegenden Muskeln, Knochen und Gelenken bietet die Gewähr dafür, daß das Pferd im Verlauf seiner Ausbildung zunehmend lernt, mehr und mehr Gewicht durch die Hinterhand aufzunehmen. Weniger günstig sind eine flache und eine abgeschlagene Kruppe.
Von Nachteil ist eine hohe Kruppe, bei der das Pferd hinten höher wirkt als vorn. Diese Kruppe be-

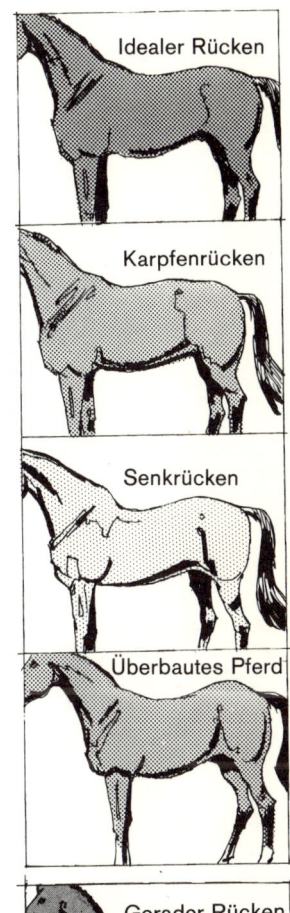

Idealer Rücken

Karpfenrücken

Senkrücken

Überbautes Pferd

Gerader Rücken

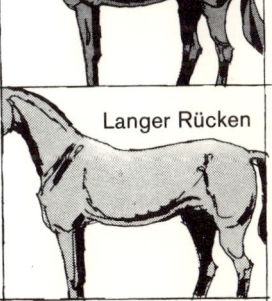

Langer Rücken

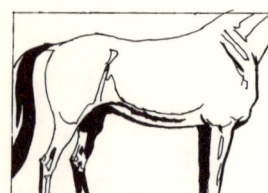

Normale Kruppe, schräge Schulter

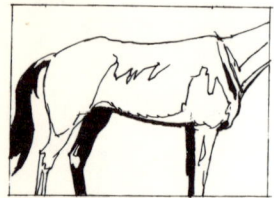

Abfallende Kruppe, steile Schulter

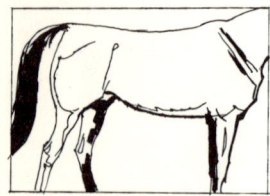

Horizontale Kruppe, schräge Schulter

wirkt Schwierigkeiten in der Versammlung des Pferdes und erweckt den Eindruck, daß das Pferd auf der Vorhand geht.

? *Wieviel Zähne hat ein ausgewachsenes Pferd?*

Stuten 36, Hengste und Wallache 40.

? *Welche Arten von Zähnen gibt es?*

Backenzähne, Schneidezähne. Bei Hengsten und Wallachen gibt es zusätzlich Hakenzähne.

? *Woran erkennt man das Alter des Pferdes?*

An den Zähnen. Beim Kauf eines Pferdes ist es auf jeden Fall ratsam, einen Tierarzt hinzuzuziehen. Weiter ist zu empfehlen, nur ein Pferd zu kaufen, für das ein Fohlenschein vorliegt. Aus diesem gehen der Tag der Geburt und die Abstammung hervor.

? *Ist die Abstammung eines Pferdes von Bedeutung?*

Ja. Es gibt Hengste und Stuten, die vorwiegend gute Anlagen zum Springen vererben und andere, deren Nachkommen über gute Anlagen für die Dressur verfügen. Dennoch bietet die Abstammung nicht immer die Gewähr dafür, daß sich das Pferd zu einem guten Leistungspferd entwickelt, weil es wesentlich auch auf die Art seiner Aufzucht und Ausbildung ankommt.

? *Worauf ist beim Kauf eines Pferdes besonders zu achten?*

Darauf, daß es keine gesetzlichen Fehler (sog. Hauptmängel) hat. Liegen solche vor, kann der Käufer innerhalb bestimmter Fristen vom Kauf zurücktreten und den Kaufpreis zurückverlangen.

? *Was sind gesetzliche Fehler?*

Es gibt sechs Hauptmängel für den Verkauf von Nutz- und Zuchttieren: Rotz, Dummkoller, Dämpfigkeit, Kehlkopfpfeifen, Periodische Augenentzündung und Koppen.

❓ Was versteht man unter Rotz?

Eine durch einen Bazillus verursachte akute oder chronische Infektion von Nase, Lunge oder Haut. Auch für Menschen ansteckend.

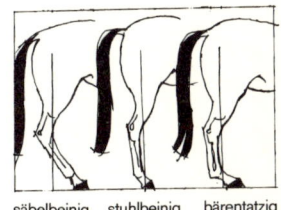

säbelbeinig   stuhlbeinig   bärentatzig

❓ Was versteht man unter Dummkoller?

Eine unheilbare Krankheit des Gehirns, bei der das Bewußtsein des Pferdes gestört ist. Sie entsteht durch eine allmählich einsetzende oder akut auftretende Gehirnwassersucht.

❓ Was versteht man unter Dämpfigkeit?

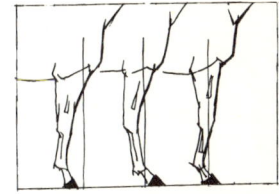

rückständig   rückbiegig   vorbiegig

Ein Krankheitszustand, der mit chronischen und unheilbaren Atembeschwerden verbunden ist. Dämpfigkeit kann durch Erkrankungen der Lungen, des Herzens und des Kehlkopfes verursacht werden. Während gesunde Pferde in der Ruhe 9 bis 15 Atemzüge in der Minute machen, atmet ein dämpfiges Pferd etwa doppelt so schnell. Die Atembewegung wirkt angestrengt. Das Pferd bläht beim Einatmen jedesmal die Nüstern und preßt die Atemluft mit der Bauchmuskulatur wieder aus der Lunge. Hierdurch entsteht beim Ausatmen am Rippenbogen die sogenannte »Dampfrinne«.

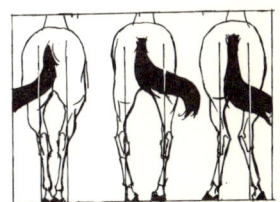

bodeneng   faßbeinig   kuhhessig

❓ Was versteht man unter Kehlkopfpfeifen?

Diese Erkrankung besteht in einer einseitigen, seltener beidseitigen, Lähmung des Kehlkopfes, die meistens durch eine vorausgegangene Infektionskrankheit hervorgerufen ist. Durch Erschlaffung der Stimmbänder tritt eine Verengung der Luftröhre ein. Hierdurch bekommt ein Pferd bei der Arbeit zu wenig Luft. Gleichzeitig entstehen im Kehlkopf Geräusche, die als Kehlkopfpfeifen bezeichnet werden. Die hiermit verbundene Atemnot kann zu einem Erstickungsanfall führen. Das Einsetzen einer Kanüle in die Luftröhre kann die Atemnot des Pferdes mildern. Es ist aber davon abzuraten, ein Pferd mit diesem Leiden als Reitpferd zu benutzen.

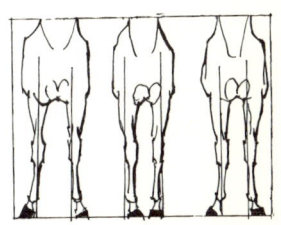

bodenweit   zeheneng   zehenweit

? *Was versteht man unter periodischer Augenentzündung?*

Hier handelt es sich um eine Entzündung der inneren Teile des Auges, die plötzlich und ohne äußere Veranlassung auftritt. Das kurz vorher noch gesunde Auge wird nicht geöffnet, es besteht starker Lichtreiz und Tränenfluß. Die Hornhaut ist leicht getrübt, die Pupille verengt. Es wird ein graugelbliches Sekret im Auge ausgeschieden.

Nach etwa 14 Tagen lassen die Krankheitserscheinungen nach, und dem Laien erscheint das Auge wieder vollständig gesund. Dennoch sind im Auge bereits chronische Veränderungen eingetreten. In Abständen von meist 5 bis 6 Wochen (periodisch wie die Mondphasen) tritt die Erkrankung erneut in Erscheinung. Sie führt schließlich zu einer vollständigen Zerstörung der Sehkraft des erkrankten Auges. Die in bestimmten Zeitabständen immer wieder auftretende Erkrankung erklärt die Bezeichnung *periodische* Augenentzündung oder Mondblindheit.

? *Was versteht man unter Koppen?*

Es ist eine Untugend des Pferdes, die auch als Krippensetzen oder Windschnappen bezeichnet wird. Bei Anspannung der vorderen Halsmuskulatur und unter Hörbarwerden eines dumpfen Geräusches (der Kopperton) dringt beim Einatmen Luft in die Speiseröhre. Die Atemluft wird entweder heruntergeschluckt oder deutlich hörbar wieder ausgestoßen.

Die meisten Pferde setzen hierbei mit den Schneidezähnen auf dem Krippenrand oder einem anderen im Stand oder in der Box vorstehenden Gegenstand auf. Koppende Pferde befinden sich meist in einem schlechten Ernährungszustand. Sie haben oft einen aufgetriebenen Bauch und neigen vermehrt zu Kolikanfällen. Ihre Leistungsfähigkeit kann durch das Koppen beeinträchtigt werden. Dem Übel des Koppens ist nur schwer beizukommen. Das Entfernen aller vorstehenden Gegenstände im Stand oder in der Box sowie das Verlagern der Krippe bis fast auf den Boden können zu einer Beseitigung dieser Untugend führen.

? *Was versteht man unter Husten?*

Er wird durch ein Virus hervorgerufen und führt zu einem ansteckenden Katarrh der Luftwege. Das Pferd hustet trocken und tief. Nach einigen Tagen stellt sich meist Fieber ein. Damit verbunden ist eine auffällige Störung des Allgemeinbefindens und Nachlassen der Freßlust. Hustende Pferde werden nicht gearbeitet. Mit Eintritt der Besserung ist ein Führen in der Bahn zu empfehlen.

? *Was versteht man unter Druse?*

Sie ist eine Infektionskrankheit, die, mit Fieber verbunden, zu einer Entzündung der Nasen- und Rachenschleimhaut und zu einer Vereiterung der im Rachenraum liegenden Lymphknoten führt. Die Druse tritt meist bei Fohlen im Alter von 6 Monaten und bei Pferden im Alter bis zu 5 Jahren auf. Schlecht gelüftete und zu warme Stallungen, wenig Bewegung im Freien, plötzlicher Witterungsumschlag und schlechte Fütterung begünstigen den Ausbruch dieser Krankheit.
Die Nase des Pferdes sondert zunehmend ein Sekret ab. Die Freßlust des Pferdes läßt stark nach. Es nimmt meist nur etwas Heu oder Grünfutter zu sich. Als Folgekrankheiten können Kehlkopfpfeifen und Dummkoller auftreten. Das Pferd ist bis zum völligen Abklingen der Krankheit von jeglicher Arbeit zu verschonen.

? *Was versteht man unter Kolik?*

Diese Krankheit, die zu den häufigsten Erkrankungen des Pferdes gehört, umfaßt viele krankhafte Zustände des Magens und des Darms. Je nach den Ursachen spricht man von verschiedenen Kolikformen. Diese heißen Krampfkolik, auch rheumatische oder Erkältungskolik genannt; Verstopfungskolik; Gaskolik, auch Windkolik genannt; Sandkolik.
Weiterhin gehören zum Begriff Kolik die Magenüberladung, die zur Magenerweiterung und sogar zur Zerreißung des Magens führen kann. Ferner gehören dazu Darmverlagerungen, Darmverschluß und Darmverengung. Alle diese Erscheinungen ver-

ursachen starke Bauchschmerzen, auf die das Pferd mehr oder weniger reagiert. Es zeigt sein Unbehagen durch Stampfen mit den Hinterbeinen, und und es schlägt mit diesen gegen den Leib. Es kratzt auffällig mit den Vorderbeinen und stellt sich so hin, als wollte es Harn lassen. Es beginnt zu schwitzen, legt und wälzt sich und springt plötzlich wieder auf. Bei diesen Anzeichen ist sofort ein Tierarzt hinzuziehen. Bei Nichtbehandlung oder nicht sachgemäßer Behandlung ist zu befürchten, daß das Pferd verendet. Kolik ist die Krankheit, die zu den häufigsten Verlusten führt. Vor Eintreffen des Tierarztes ist das Pferd möglichst zum Aufstehen zu bewegen und ein Wiederhinlegen zu verhindern. Man soll das Pferd mit Stroh abreiben und eindecken und jedes Fressen unterbinden.

Wie kann die Kolik vermieden werden?

Durch sorgfältige Haltung und Fütterung, regelmäßige Arbeit, gute Qualität des Futters. Das Futter soll in seiner Menge und Zusammensetzung den Anforderungen in der Arbeit angepaßt werden.

? *Was versteht man unter Mauke?*

Sie ist eine Entzündung an der hinteren Fläche der Fessel, in der Fesselbeuge. Hier tritt erhöhte Wärme auf, verbunden mit einer Schwellung. Es wird eine gelbliche oder rötliche Flüssigkeit ausgeschieden, die eintrocknet und Krusten bildet, die besonders in der Bewegung Schmerzen verursachen, was wiederum zur Lahmheit führen kann. Eine besonders unangenehme Art der Mauke, die sogenannte Brandmauke tritt vorwiegend im Winter auf, wenn die Haut durch Kälte, Schnee, Salzwasser oder kleinere Verletzungen ohnehin angegriffen ist. Die Ausheilung dauert hier länger. Es gibt auch eine trockene Mauke.

? *Was versteht man unter Einschuß?*

Es ist die vorwiegend an den Hintergliedmaßen auftretende entzündliche Anschwellung der Haut und Unterhaut, die sich von unten nach oben ausbreitet. Sie wird verursacht durch Wundinfektion bei Streichwunden (diese treten bei Pferden auf, die vorn oder hinten zu eng gehen), Kronentritten, Strahlfäule und Stichwunden (unvorsichtiger Umgang mit der Mistgabel beim Herrichten der Streu.). Der am Fesselgelenk beginnende Einschuß breitet sich schnell über das Sprunggelenk, den Unterschenkel und manchmal auch über den Oberschenkel hinaus aus. Er ist schmerzhaft und führt zur Lahmheit. Das Pferd hat meist Fieber. In etwa 8 bis 14 Tagen kann mit einem Abklingen der Krankheit gerechnet werden. In schweren Fällen kann die Heilung wesentlich länger dauern und eine Verdickung des erkrankten Beines zurückbleiben.

❓ Was versteht man unter Spat?

Er ist eine chronische Entzündung des Sprunggelenks, die im Bereich der kleinen Sprunggelenksknochen liegt und zu einer Knochenauftreibung an der Innenfläche des Sprunggelenks führt.
Ursache für den Spat ist eine langdauernde Überbeanspruchung des Sprunggelenks durch zu frühe und übermäßige Trab- und Galopparbeit. Spat hat Lahmheit zu Folge.

❓ Was ist eine Galle?

Eine Geschwulst am Sprunggelenk oder oberhalb der Fesselgelenke, die mit Gelenkflüssigkeit gefüllt ist. Die Geschwulst ist anfänglich weich und verhärtet sich später. Für die Behandlung sollte ein Tierarzt hinzugezogen werden. Gallen können auf den Gang und damit auf die Leistungsfähigkeit des Pferdes Einfluß haben.

❓ Was versteht man unter Schale?

Sie ist eine chronische Entzündung an Gelenken, vorwiegend am Kronen- und Fesselgelenk. Die Entzündung ist mit einer Knochenauftreibung um das befallene Gelenk verbunden. Schale wird vorwiegend durch zu frühe Arbeit und Überbeanspruchung hervorgerufen.

❓ Was ist eine Piephacke?

Eine Schwellung oder mit Flüssigkeit gefüllte Beule an der Hacke des Sprunggelenks. Sie entsteht meist durch Anschlagen an die Wand der Box. Sie pflegt den Gang des Pferdes nicht zu beeinträchtigen und ist mehr ein Schönheitsfehler.

❓ *Was ist ein Überbein?*

Eine Knochenauftreibung, die durch Anschlagen an harte Gegenstände auftritt. Sie kann auch auftreten, wenn Pferde sich gegenseitig schlagen.

❓ *Was versteht man unter Strahlfäule?*

Eine besonders an den Hinterhufen auftretende fäulnisartige Auflösung des Hornstrahls. Sie wird durch feuchte und unsaubere Streu und mangelhafte Hufpflege verursacht. Sie kann auch dadurch auftreten, daß ein Pferd ständig Hufeisen mit Stollen trägt, wodurch der Strahl außer Funktion gesetzt wird. Schließlich kann auch ein zu starkes Beschneiden des Strahls zur Fäule führen. Nur sorgsame Hufpflege und immer saubere Streu schützen vor Strahlfäule.

❓ *Woran erkennt man innere Erkrankungen?*

Teilnahmslosigkeit, Freßunlust, trüben Blick, rauhes und glanzloses Haar, Unruhe, Scharren, Hinlegen und Wiederaufstehen, Schwitzen und Stöhnen des Pferdes.
Weitere Symptome sind erhöhte Temperatur, beschleunigter Puls und Atem. Bei einem gesunden Pferd liegt die Körpertemperatur, wenn das Pferd etwa eine Stunde in Ruhe war, zwischen 37,5 und 38,2 Grad Celsius, bei Fohlen zwischen 37,5 und 39,0 Grad Celsius. Fieber kann bis zu 40,5 Grad Celsius führen.
Der Pulsschlag des gesunden Pferdes beträgt 30 bis 44 Schläge je Minute, bei Fohlen 60 Schläge je Minute. Man zählt ihn durch leichtes Andrücken von Zeige- und Mittelfinger an die Kieferarterie an der Innenfläche des Unterkiefers. Bei jeder Temperaturerhöhung ist die Hinzuziehung eines Tierarztes ratsam.

Welche Pferderassen gibt es in der BRD?

- Vollblüter
- Warmblüter
- Kaltblüter
- Kleinpferde
- Ponys

Der deutsche *Vollblüter* ist aus dem englischen Vollblüter (hinter dem Pferdenamen das Zeichen xx) hervorgegangen. Dieser wiederum geht auf den arabischen Vollblüter (hinter dem Pferdenamen das Zeichen ox) zurück. Der Vollblüter findet fast ausschließlich im Rennsport und als Zuchttier in der Warmblutzucht Verwendung. Sein Einsatz im Dressur- und Springsport ist begrenzt, während er wegen seiner Härte und Ausdauer im Vielseitigkeitssport immer mehr Eingang findet.

Vollblüter

Eine Abart des Vollblüters findet als Traber im Trabrennsport Verwendung. Die Zucht des Trabers ist insbesondere auf die Entwicklung des Trabvermögens ausgerichtet.
Reinrassige Araber treten als Reitpferde in der Bundesrepublik kaum in Erscheinung, finden aber in der Warmblutzucht Verwendung.

Warmblüter

Der deutsche *Warmblüter* ist in seinen Anfängen aus der Verbindung des Vollbluts mit der jeweils heimischen Pferderasse hervorgegangen. Eindeutig ist die heutige Warmblutzucht auf die Schaffung eines *Reitpferdes* ausgerichtet: Es soll über gute Grundgangarten verfügen, elegant und nicht zu schwer sein und im Alter von vier Jahren in seiner Größe ein Stockmaß von 165 cm möglichst nicht überschreiten.

Die nahezu vollständige Motorisierung in Landwirtschaft und Wirtschaft hat das Warmblutpferd als Zugpferd fast vollständig verdrängt und die Zucht des Wagenpferdes auch in den klassischen Zuchtgebieten Holstein, Oldenburg und Ostfriesland wesentlich reduziert.

Umso erfreulicher ist es, daß es dennoch in der Bundesrepublik mehrere Turniere gibt, auf denen Eignungsprüfungen für Wagenpferde und Gespannprüfungen abgehalten werden. Die Tatsache, daß bereits mehrmals eine Weltmeisterschaft im Fahren durchgeführt wurde, macht deutlich, daß das Wagenpferd jedenfalls im Pferdesport seine Bedeutung und Beliebtheit noch nicht verloren hat.

Das *Kaltblut* ist das körperlich schwerste Pferd, das früher ausschließlich zu Arbeitszwecken gezüchtet wurde. Es hat seine Bedeutung als Wirtschaftspferd durch die Motorisierung nahezu vollständig verloren. Dann und wann kann man ein Kaltblutgespann noch vor einem Brauereiwagen oder bei Schauvorführungen entdecken. In Deutschland ist die Zucht dieses Pferdes fast zum Erliegen gekommen. Als *Kleinpferde* bezeichnet man Pferde, die, wie schon der Name sagt, wesentlich kleiner als normale Pferde, dennoch aber sehr leistungsfähig sind. Sie eignen sich als Wagenpferde und als Reitpferde und werden von Kindern und Jugendlichen bevorzugt. Kleinpferde sind genügsam und in ihrer Haltung billiger (Robustpferde).

Zu den bekanntesten Kleinpferden zählen die aus Norwegen stammenden Fjordpferde, die in Bayern und Tirol beheimateten Haflinger – sie werden auch in den Gebirgsjäger-Kompanien der Bundeswehr als Tragtiere verwendet –, und die Wildpferde aus dem Dülmer Bruch in Westfalen. Die letztgenannten Pferde wachsen dort völlig wild auf, sie werden nicht gefüttert und gepflegt und kennen keinen Stall. Das dort alljährlich stattfindende Einfangen von Pferden, die zur Vermeidung eines zu starken Anwachsens der Herde zum Verkauf kommen, ist immer ein Ereignis, das zahlreiche Pferdefreunde anzieht.

Die Liliputaner unter den Pferden sind die *Ponys*. Sie kommen vorwiegend von den Shetland-Inseln und aus Island. Sie eignen sich ideal für Kinder zum Reiten und Fahren. Auch sie sind genügsam und in der Haltung billig. Besonderer Beliebtheit erfreut sich das Ponyreiten in England. Aber auch in der Bundesrepublik nimmt das Interesse am Ponyreiten deutlich zu.

Haflinger

Brandzeichen des
Deutschen Reitpferdes

Baden Nord
Baden Süd

Bayern

Hannover

Hessen

Holstein

Oldenburg

Württemberg

Pfalz-Saar

Rheinland

Rheinland
Nassau

Westfalen

Trakehner
(Bundeszucht)

? **Wie heißen die bekanntesten
deutschen Warmblutpferde?**

Hannoveraner, Westfalen, Oldenburger, Ostfriesen,
Holsteiner, Württemberger, Bayern. Pferde aus diesen Zuchtgebieten ähneln sich heute weitgehend,
weil sich alle Züchter fast ausschließlich auf die
Zucht von leichteren und eleganten Reitpferden ein-
gestellt haben, für die eine rege Nachfrage besteht.
Außerdem gibt es in der Bundesrepublik noch Ostpreußen und Trakehner. Sie stammen aus der durch
den letzten Krieg verlorengegangenen preußischen
Provinz Ostpreußen. Einigen ostpreußischen Züchtern, die Stuten und Hengste in die Bundesrepublik
hinübergerettet haben, ist es zu verdanken, daß die
Zucht hier fortgeführt werden konnte, wenn auch
unter veränderten landschaftlichen Bedingungen.
Entscheidend sind die Blutlinien, die über viele Jahr-
zehnte die Zucht bestimmt haben. So sind der Ost-
preuße und Trakehner – trockene, widerstands-
fähige, formschöne und leichte Pferde, die für Dressur, Vielseitigkeit und Springen gleicherweise gut
geeignet sind – auch heute noch gefragte Pferde.
Trakehnen in Ostpreußen war ein staatliches Haupt-
gestüt, in dem Hengste für die Zucht in Ostpreußen
gezüchtet wurden. Zahlreiche Hengste wurden an
andere Zuchtgebiete abgegeben. Als einziges Gestüt verfügte Trakehnen über eigene Stutenherden,
die nach Farben zusammengestellt waren. Alle in
Trakehnen geborenen Pferde hießen Trakehner. Die
übrigen in der Provinz geborenen Pferde hießen
Ostpreußen.

? **Wie ist die Zucht des Warmblutpferdes in
der Bundesrepublik geregelt?**

In einigen Ländern der Bundesrepublik bestehen
Staatliche Landgestüte, in denen *Zuchthengste* gehalten werden. Die Gestüte stehen unter der Leitung
eines Landstallmeisters, der die Auswahl der zur
Zucht bestimmten Hengste trifft. Alle Hengste, die
später in der Zucht Verwendung finden sollen, werden eingehenden Leistungsprüfungen unterzogen.
Sie werden geritten, gesprungen, gefahren und
müssen auch schwere Lasten ziehen. Sie werden
ebenso im Gelände geprüft. Nach bestandener Prü-

fung werden die Hengste angekört und für bestimmte Zeiten den im jeweiligen Bundesland eingerichteten Deckstellen zugeteilt. Daneben gibt es einige private Hengsthalter.

Die Haltung von *Zuchtstuten* liegt ausschließlich in der Hand von privaten Züchtern. Diese Züchter sind in Landeszuchtverbänden zusammengeschlossen. Sie erfahren staatliche Unterstützung. Eine weitere Unterstützung erfahren die Züchter dadurch, daß die Turnierveranstalter verpflichtet sind, in Material-, Eignungsprüfungen und Leistungsprüfungen zusätzlich zu den Geldpreisen Züchterprämien in Geld festzusetzen, die den Züchtern der plazierten Pferde zugutekommen. Jedes Fohlen erhält nach seiner Geburt einen Fohlenschein, der den Tag der Geburt und seine genaue Abstammung bescheinigt. Der Fohlenschein befindet sich immer im Besitz des Eigentümers des Pferdes. In verschiedenen Zuchtgebieten werden alljährlich Auktionen veranstaltet, auf denen drei- und vierjährige Pferde versteigert werden. Daneben findet auch ein Einzelverkauf statt. Hervorragende junge Hengste werden von den Landgestüten angekauft, um in der Zucht Verwendung zu finden.

? *Welche Farbtöne gibt es unter den Pferden?*

Es gibt braune, schwarze, weiße, isabellenfarbene Pferde und solche, die man als Falben bezeichnet. Außerdem gibt es, aber seltener, gescheckte Pferde. Bei Pferden mit brauner Haarfarbe unterscheidet man Braune, Füchse.

? *Woran erkennt man einen Braunen?*

Er hat eine schwarze Mähne und einen schwarzen Schweif. Die Farbe des Rumpfes und der Gliedmaßen kann hellbraun, mittelbraun, dunkelbraun und schwarzbraun sein.

? *Woran erkennt man einen Fuchs?*

Rumpf, Gliedmaßen, Mähne und Schweif sind von gleicher Farbe. Je nach der Farbe spricht man von Goldfuchs, Dunkelfuchs oder Schweißfuchs.

Ponyzuchtbrände der Bundesrepublik Deutschland

Baden-Württemberg

nur Haflinger

Bayern

nur Haflinger

Hannover

Hessen

nur Haflinger in Nordhessen

Holstein

Haflinger

Isländer

Fjord

Rheinland

nur Isländer

Rheinland Nassau

Weser Ems

Westfalen

nur Haflinger

Einige Beispiele (von links nach rechts) für Abzeichen an den Beinen:

l. Vbln. w. =
linker Vorderballen weiß
r. VKr. innw. =
rechte Vorderkrone innen
weiß

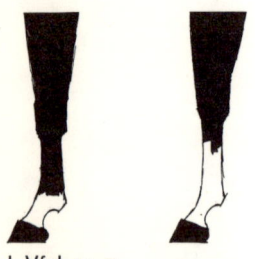

l. Vfsl. w. =
linke Vorderfessel weiß
r. Vf. unreg. halb w. =
rechter Vorderfuß
unregelmäßig halb weiß

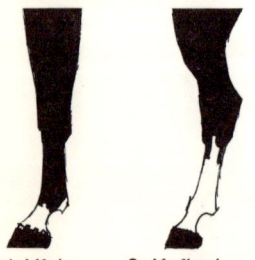

l. Vfsl. w. auß. Kr.flecke,
Kötenfleck = linke Vorderfessel weiß, außen Kron-
randflecke, Kötenfleck
r. Hf. inn. unreg. halb w. =
rechter Hinterfuß innen
unregelmäßig halb weiß

❓ Wie nennt man ein schwarzes Pferd?

Rappe. Bei ihm sind Rumpf, Gliedmaßen, Mähne und Schweif einheitlich schwarz.

❓ Wie nennt man ein weißes Pferd?

Schimmel. Rumpf, Gliedmaßen sind weiß. Mähne und Schweif können schwarz sein. Schimmel werden meist dunkelhaarig geboren und färben nach dem ersten Lebensjahr allmählich um. Im höheren Alter werden sie schneeweiß. Je nach Farbtönen und eingesprenkelten kleinen andersfarbigen Flecken unterscheidet man Schwarz-, Braun-, Grau-, Rot-, Fliegen- und Apfelschimmel.

❓ Wie sehen Isabellen aus?

Sie haben eine gelbliche Farbe. Mähne und Schweif haben die gleiche Farbe, können aber auch hellfarbiger sein.

❓ Wie sehen Falben aus?

Sie haben ebenfalls eine gelbliche Farbe. Mähne und Schweif sind jedoch schwarz. Außerdem haben sie einen sich auf dem Rücken entlangziehenden sogenannten Aalstrich, der schwarzbraun getönt ist, wie man es häufig auch bei Fjordpferden sieht.

❓ Was versteht man unter einem Schecken?

Ein Pferd, das in seinem Fell größere und unregelmäßige Flecken aufweist, die auffällig von der Grundfarbe abweichen. Sie können auf dem ganzen Körper verteilt und bei Pferden aller Farben auftreten.
Während Schecken als Reitpferd nicht sonderlich gefragt sind, erfreuen sie sich im Zirkus besonderer Beliebtheit.

❓ Hat die Farbe eines Pferdes Einfluß auf den Grad seiner Leistungsfähigkeit?

Nein. Jeder Reiter wird sein Pferd nach der Farbe aussuchen, die ihm am meisten zusagt.

? *Sind Pferde einer bestimmten Farbe von vornherein für eine bestimmte Disziplin im Reitsport besonders geeignet?*

Nein. Es kommt nicht auf die Farbe, sondern auf das Gebäude, das Gangvermögen, den Charakter, das Temperament und die Abstammung an.

? *Wie nennt man weiße Farbgebungen, die an der Vorderseite des Pferdekopfes und an den Gliedmaßen auftreten?*

Abzeichen. Sie werden durch die untenstehenden Zeichnungen erläutert.

? *Wie wird die Größe eines Pferdes gemessen?*

Entweder durch das »Stockmaß« oder durch das »Bandmaß«.
Das *Stockmaß* wird mit einem Stab mit Zentimetereinteilung gemessen. Er muß senkrecht und an das auf allen vier Beinen gleichmäßig stehende Pferd leicht angelehnt stehen. Gemessen wird vom Erdboden bis in Höhe der höchsten Erhebung des Widerrists. Die Dicke des Hufeisens ist abzuziehen.
Das *Bandmaß* wird vom Erdboden an in einer Senkrechten nach oben am Pferdekörper angelegt und bis zur höchsten Erhebung des Widerrists geführt. Der Unterschied zwischen Stockmaß und Bandmaß beträgt ca. 10 cm.

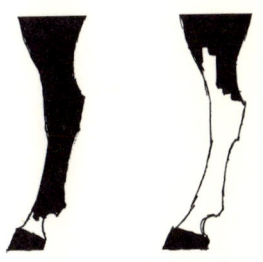

l. Hf. unreg. hoch w., a. d. V. üb. Sprunggel. sp. auslfd. = linker Hinterfuß unregelmäßig hoch weiß, an der Vorderseite über Sprunggelenk spitz auslaufend.
r. Hf. inn. unreg. halb. w. = rechter Hinterfuß innen unregelmäßig halb weiß

Die wichtigsten Abzeichen am Kopf des Pferdes:

Flocke — Stern — Keilstern — Strich — Schnurblesse — Unterbrochene schmale Blesse — Durchgehende Blesse — Unregelmäßige breite Blesse — Schnippe

? *Welche Untugenden können bei Pferden auftreten?*

Die häufigsten Untugenden sind Schlagen, Beißen Scheuen, Steigen und Kleben.

Von Natur aus ist jedes Pferd gutartig. Wenn die vorgenannten Untugenden Schlagen und Beißen auftreten, so sind diese immer auf falsche Behandlung durch den Menschen zurückzuführen. Schon vom ersten Tage seines Lebens an bedarf das Pferd einer liebevollen, rücksichtsvollen und geduldigen Behandlung. Schlagen und Beißen kann gegen Menschen, aber auch gegen andere Pferde gerichtet sein. Gute Behandlung und häufiges Sprechen mit dem Pferde kann diese Untugenden mildern. Für unverbesserliche Schläger und Beißer sollte in einem Stall und in einer Reitbahn kein Platz sein. Sie sind eine dauernde Gefahr für Mensch und Pferd. Bei Schlägern ist die Anbringung eines Warnschildes im Stall erforderlich.

Bei *Beißern* empfiehlt sich die Anlegung eines Maulkorbes.

Das *Scheuen* eines Pferdes ist nicht immer eine Untugend. Es kann auch eine Veranlagung sein. Es äußert sich dadurch, daß das Pferd an ihm noch unbekannte Gegenstände nicht willig herangeht, sondern vor ihnen zurückweicht oder ausweicht. Hier hat jede grobe Einwirkung des Reiters, etwa mit der Peitsche, zu unterbleiben. Es helfen nur gütliches Zureden und Geduld. Erforderlichenfalls muß der Reiter auch absitzen und dem Pferd den ungewohnten und beargwöhnten Gegenstand zeigen. Scheut ein Pferd z. B. vor einem kleinen Wassergraben, so ist es zweckmäßig, ein erfahrenes Pferd hinzuzuziehen, dem das unerfahrene Pferd meist willig folgen wird. Führt auch dies nicht zum Ziel, so kann man mit Hilfe eines um die Hinterbacken gelegten Seiles oder einer Longe das Pferd durch zwei Helfer über den Graben herüberziehen lassen. Notfalls muß diese Übung mehrmals wiederholt werden, bis das Pferd Mut und Vertrauen gefunden hat, den Graben allein zu überqueren.

Das *Steigen*, bei dem sich das Pferd vorn erhebt und nur noch auf den Hinterbeinen steht, ist eine Widersetzlichkeit, die sich im Verlauf der Ausbildung einstellen kann. Das Pferd versucht, sich auf

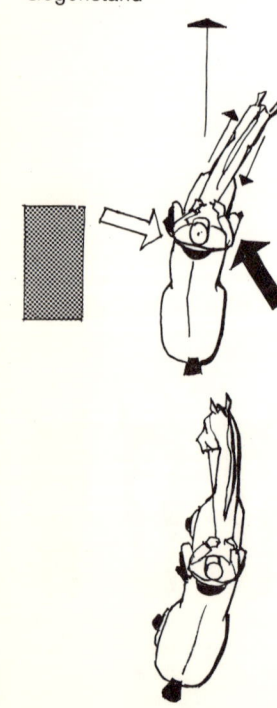

Die Einwirkung des Reiters beim Scheuen vor einem unbekannten Gegenstand

diese Weise der Einwirkung des Reiters zu entziehen. Um sich dem Pferde gegenüber durchzusetzen, muß der Reiter in dem Augenblick, in dem sich das Pferd vorn erhebt, einen Zügel kurz fassen und Hals und Kopf seitwärts–abwärts ziehen. Dabei ist es zweckmäßig, die Zügelfaust mit dem verkürzten Zügel fest hinter den gleichseitigen Oberschenkel zu legen, um zu verhindern, daß ihm das Pferd den Zügel aus der Hand zieht.

Bei Pferden, die so stark steigen, daß sie senkrecht auf den Hinterbeinen stehen, ist dieses Verfahren nicht anzuwenden, weil die Gefahr besteht, daß sich das Pferd nach hinten überschlägt und den Reiter unter sich begräbt. Schwere Verletzungen des Reiters sind dann meist die Folge. Zum Steigen neigende Pferde, denen diese Untugend nicht abgewöhnt werden kann, sind als Reitpferde wegen ihrer Unzuverlässigkeit und der damit für den Reiter verbundenen Gefahr als Reitpferde unbrauchbar.

Das richtige Verhalten des Reiters beim Kleben des Pferdes

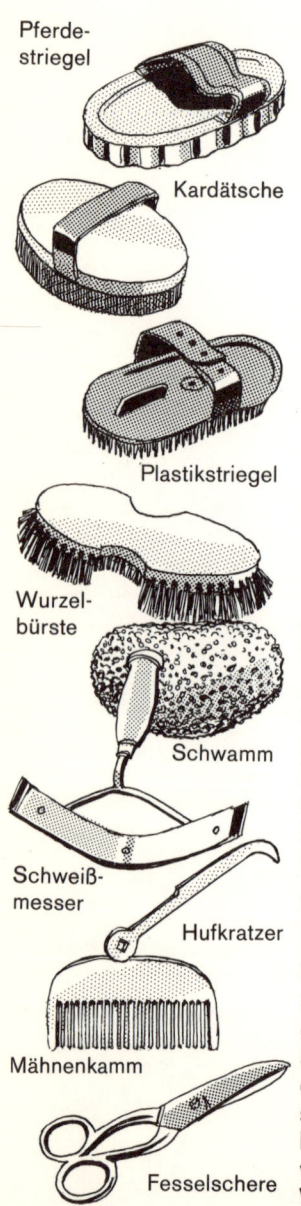

Pferde-striegel

Kardätsche

Plastikstriegel

Wurzel-bürste

Schwamm

Schweiß-messer

Hufkratzer

Mähnenkamm

Fesselschere

❓ Wodurch erhält man ein Pferd gesund und leistungsfähig?

Durch gute Pflege und durch sachgemäße Fütterung und Arbeit.

❓ Was versteht man unter Pflege?

Alles was dazu beiträgt, das Pferd gesund und leistungsfähig zu erhalten und sein Wohlbefinden zu fördern. Auch das Sprechen mit dem Pferd im Stall ist wichtig, weil es dem Vertrauen zwischen ihm und dem Reiter dienlich ist. Das Vertrauensverhältnis wird zwar nie so eng sein, wie zwischen einem Hund und einem Menschen, jedes Pferd erkennt aber seinen Reiter an der Stimme.

❓ Was braucht man zum Putzen des Pferdes?

Einen Striegel, eine Kardätsche, einen Mähnenkamm, Lappen, zwei Schwämme, eine Fesselschere, einen Hufkratzer, eine Hufbürste (Wurzelbürste) und einen Pinsel zum Auftragen von Huffett, ein Schweißmesser zum Abziehen des Schweißes bei stark schwitzenden Pferden.

❓ Was wird durch das Putzen erreicht?

Das Pferd wird sauber, und Sauberkeit bedeutet Schutz vor Erkrankungen. Durch das Putzen wird die Haut des Pferdes gleichzeitig massiert und dadurch die Blutzirkulation angeregt. Das Wohlbefinden des Pferdes wird also gesteigert. Man sagt: Gutes Putzen ist halbes Futter!

❓ Wozu verwendet man den Striegel?

In erster Linie wird er zum Abstreichen von Staub und Schmutz aus der Kardätsche verwendet. An gut bemuskelten Körperteilen des Pferdes kann er auch zur Lösung von Staub und Schmutz in und auf dem Haar benutzt werden, jedoch behutsam. Besser geeignet ist dafür ein Plastikstriegel. Auf keinen Fall darf der Striegel an Körperteilen verwendet werden, die kein Fleischpolster haben, z. B. Kopf, Widerrist, Gelenke und Beine.

❓ *Wozu dient die Kardätsche?*

Mit ihr – sie ist eine aus gutem Roßhaar gefertigte Bürste, die zur besseren Handhabung einen etwa 4 cm breiten Lederriemen hat – wird die Hauptarbeit des Putzens bewerkstelligt.

Auch das Sattelzeug muß regelmäßig gepflegt werden

❓ *Wie verwendet man die Kardätsche?*

Man beginnt das Putzen an der rechten Seite des Pferdes. Die Kardätsche liegt hier in der rechten, der Striegel in der linken Hand. Mit leicht gewinkeltem Arm wird die Kardätsche in langen Zügen und unter leichtem Druck in Haarrichtung auf dem Pferdekörper entlanggeführt. Man putzt immer von vorn nach hinten. Ein Putzen gegen die Richtung des Haares – gegen den Strich – ist grundsätzlich zu vermeiden, weil das Haar hierdurch an Glanz verliert und struppig wird. Beim Putzen der linken Seite liegt die Kardätsche in der linken und der Striegel in der rechten Hand. Nach jeder Putzbewegung der Kardätschen-Hand wird die Kardätsche am Striegel abgestrichen. Der Striegel wird auf der Stallgasse ausgeklopft. (Stallgasse vorher etwas anfeuchten, um die Staubentwicklung zu vermindern.)

? *Wie pflegt man die Mähne?*

Durch Bürsten mit der Wurzelbürste und Auskämmen mit dem Mähnenkamm. Erstrebenswert ist es, daß die Mähne an einer Halsseite anliegt und gleichmäßig lang, etwa 10 cm, ist. Eine gleichmäßige Länge erzielt man durch das sogenannte Verziehen: Vorstehende Haare werden mit einem schnellen Ruck der Hand herausgezogen. Auf Turnieren kann man die Mähne einflechten. In Abständen werden aus dem Mähnenhaar nach Anfeuchten Zöpfe geflochten. Diese werden nach innen umgelegt und mit einem etwa ein Zentimeter breitem weißen Band sauber umwickelt. Die Zöpfchen über dem Band sollen dann etwa 3 cm lang sein.

? *Wofür verwendet man Lappen?*

Die Verwendung eines Wollappens nach beendetem Putzen erhöht den Glanz des Felles.

? *Wozu verwendet man einen Schwamm?*

Leicht angefeuchtet, zur vorsichtigen Reinigung der Augen. Vorsichtig deshalb, weil ein Pferd durch gröberes Vorgehen leicht kopfscheu wird.
Einen *anderen* Schwamm verwendet man zur Reinigung von After, Euter und Geschlechtsteilen.

? *Wie pflegt man den Schweif?*

Er wird jeden Tag mit den Händen aufgelockert, so daß zusammenhaftende Haare getrennt und jedes Haar möglichst einzeln hängt. Die Länge des Schweifes sollte so sein, daß er bei getragener Schweifrübe bis eine Handbreit unterhalb des Sprunggelenks reicht. Der Schweif wird beiderseits der Schweifrübe, wie die Mähne, verzogen. Er sollte nur wenig breiter als die Schweifrübe sein. In gewissen Zeitabständen wird der Schweif mit einem Shampoo gewaschen.
Um Verluste an Schweifhaaren zu vermeiden, ist darauf zu achten, daß sich im Stall keinerlei Ecken, Vorsprünge und Vertiefungen befinden, an denen das Pferd mit dem Schweif hängenbleiben kann.

Schlecht gepflegter Schweif

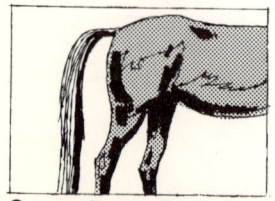

Gut gepflegter Schweif

? *Was gehört zur Pflege der Hufe?*

Der Hufpflege kommt besondere Bedeutung zu, weil Huferkrankungen meist zu einer längeren Unterbrechung der täglichen Arbeit führen. Die Hufe sind allen Witterungseinflüssen besonders stark ausgesetzt.

Mit dem Hufkratzer – er darf nicht scharf gespitzt sein – werden die Innenseite, insbesondere die Strahlfurchen, ausgekratzt. Diese möglichst regelmäßige Behandlung genügt meist vor Beginn des Reitens. Nach dem Reiten werden die Hufe mit der Hufbürste gewaschen und in leicht feuchtem Zustand mit Huffett innen und außen eingefettet. Von Zeit zu Zeit soll die Hufsohle zur Verringerung der Gefahr von Infektionen mit Holzteer bestrichen werden.

Richtiges Aufnehmen des Vorderbeines

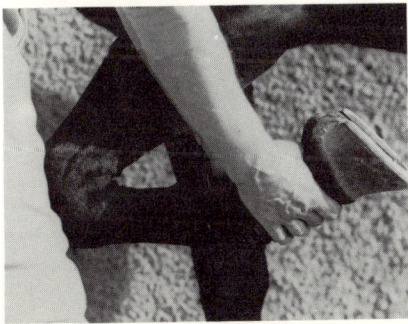

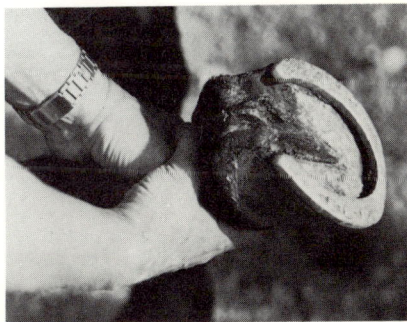

Zur Hufpflege gehört auch der Hufbeschlag. Er darf nur durch einen erfahrenen Hufschmied ausgeführt werden. Von einem richtigen Hufbeschlag hängen Wohlbefinden und Leistungsfähigkeit eines Pferdes wesentlich ab. Die Hufeisen sind gewissermaßen die Schuhe des Pferdes. Wenn sie nicht passen, ist Nachlassen der Leistung die Folge. Durch Nachlässigkeit im Hufbeschlag schadet der Reiter seinem Pferde und sich selbst.

? *Wie werden die Beine des Pferdes beim Reinigen der Hufe oder beim Beschlagen aufgenommen?*

Z. B. linker Vorderfuß: Man tritt von vorn an die linke Körperseite des Pferdes bis in Höhe des Vorderbeins heran, wobei die linke Schulter den

Richtiges Aufnehmen des Hinterbeines

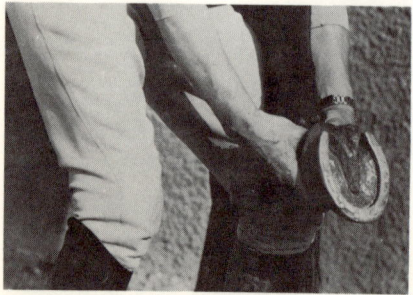

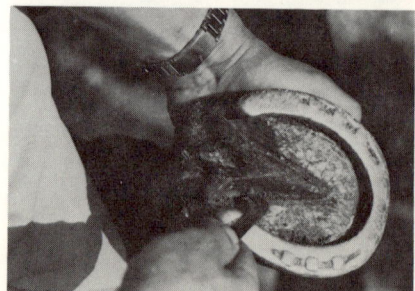

Pferdeleib berührt. Man beugt sich vor und klopft mit der linken Hand leicht gegen den Vordermittelfuß. Das guterzogene Pferd wird dann das Bein willig heben und beugen. Die linke Hand umfaßt nun die Fessel, die rechte Hand ist frei zum Reinigen des Hufes. Beim Beschlagen ergreifen beide Hände die Fessel, um dem Huf beim Abraspeln oder beim Beschlagen selbst einen festen Halt zu geben. Beim rechten Vorderfuß verläuft alles sinngemäß.

Z. B. linker Hinterfuß. Hier tritt man ebenfalls von vorn an das Pferd heran, bis in Höhe des Hinterbeines. Dabei gleitet die linke Hand über den Pferdeleib und über das Hinterbein. Durch leichtes Klopfen am Hintermittelfuß wird das Pferd das Bein heben. Die linke Hand ergreift die Fessel, erhebt und beugt das Bein, bis das Sprunggelenk etwa einen rechten Winkel bildet. Hierbei stützt der Reiter seinen linken Unterarm auf sein gewinkeltes linkes Knie.

Das Aufnehmen der Beine soll immer in Ruhe geschehen. Schon Fohlen sollen hieran gewöhnt werden, um später Schwierigkeiten zu vermeiden.

❓ Wie pflegt man die Beine des Pferdes?

Mit der Kardätsche. Bei starker Verschmutzung werden die Beine gewaschen und danach mit dem Lappen abgetrocknet. Wichtig ist das sorgfältige Abtrocknen der Fesselbeuge, um Mauke zu verhindern.

❓ Wie oft soll ein Pferd geputzt werden?

Wie ein Mensch sich täglich zu waschen pflegt, soll auch ein Pferd täglich und morgens einmal gründlich geputzt werden. Nach dem Reiten ist die Hufpflege unbedingt erforderlich, ein Abreiben des ganzen Pferdes mit einem Lappen sehr zu empfehlen.

❓ Wo soll ein Pferd geputzt werden?

Bei gutem Wetter möglichst im Freien. Jeder Aufenthalt in frischer Luft ist für das Pferd wohltuend, weil es ohnehin die längste Zeit des Tages im Stall verbringen muß.

Wie prüft man den Putz des Pferdes?

Man streicht mit einem Fingernagel an mehreren Stellen des Pferdekörpers gegen den Haarstrich. Wird die Strichlinie weißlich oder weiß, so ist das Pferd nicht gut geputzt. Verändert sich die Strichlinie farblich nicht, so ist das Pferd gut geputzt. Man nennt diese Probe die »Nagelprobe«.

Wie behandelt man ein naß gewordenes Pferd?

Es herrscht der Grundsatz: Trocken aus dem Stall, trocken in den Stall! Wenn man ins Gelände reitet, und das Pferd naß geworden ist, muß man die letzte Wegestrecke im Schritt reiten, damit das Pferd mit Erreichen des Stalles wieder trocken ist. Das Reiten in der Bahn soll ebenfalls im Schritt enden. Meist wird in der Sattellage noch Feuchtigkeit zurückbleiben. Diese beseitigt man mit Hilfe von trockenen Strohwischen, die in der rechten und linken Hand in langen Zügen mit und gegen den Strich über die Sattellage gestrichen werden. Bei stärkerer Feuchtigkeit ist ein Auswechseln der Strohwische erforderlich. Dann erfolgt ein Glattbürsten mit der Kardätsche. Bei den Strohwischen ist darauf zu achten, daß keine Spitzen hervorstehen. Sie können in die Haut des Pferdes eindringen und Entzündungen hervorrufen. Das Eindecken mit einer Decke ist ratsam.
Ein durch Regen naß gewordenes Pferd muß mit Strohwischen *ganz* trocken gerieben und danach glatt gebürstet werden. Dies geschieht in der Box. In der kalten Jahreszeit neigen Pferde wegen des dann längeren Haares mehr zum Schwitzen. Eindecken mit einer Decke nach Trockenreiben ist zu empfehlen.

❓ *Wie soll der Pferdestall beschaffen sein?*

Er soll geräumig und etwa drei Meter hoch sein. Für gute Lüftung muß gesorgt sein. Zugluft muß unter allen Umständen vermieden werden. Die Fenster, im oberen Drittel der Wand liegend, sollen reichlich Tageslicht einfallen lassen. Ein zu hoher Stall ist im Winter kalt, ein zu niedriger Stall ist leicht dumpfig. Hauptsache ist ständige frische Luft. Die Temperatur sollte im Sommer bei etwa 15 Grad, im Winter bei etwa 10 Grad Celsius liegen.

❓ *Welche Möglichkeiten gibt es, das Pferd im Stall unterzubringen?*

In einem Ständer und in einer Box.
In einem *Ständer* steht das Pferd mit dem Kopf zur Wand. Es trägt ein Stallhalfter und ist an diesem mit einem Strick oder einem festen und geschmeidigen Lederriemen angebunden. Am Ende des Stricks oder Lederriemens ist z. B. ein Ring angebracht, der auf einer unter der Krippe horizontal angebrachten Eisenstange nach rechts und links gleiten kann. Das Pferd kann hierdurch ohne Mühe das Futter aufnehmen und Kopf und Hals nach beiden Seiten bewegen. Es gibt aber auch noch andere Anbindemöglichkeiten. Ein zu langer Strick oder Riemen bringt die Gefahr mit sich, daß das Pferd über Strick oder Riemen tritt und sich dabei verletzt.
Der Ständer sollte etwa 1,40 m breit und 3,60 m lang sein.
Zwischen einem Ständer und dem nächsten hängt der sogenannte Flankierbaum, der das Pferd von seinem Nachbarn trennt. Der Flankierbaum, etwa 15 cm stark, sollte mit Stroh umflochten sein, um Verletzungen des Pferdes beim Ausschlagen zu vermeiden. Er sollte vorn und hinten mit einer kurzen Kette aufgehängt, also herausnehmbar, und etwa 100 cm hoch sein, vom Boden des Stalles gerechnet, um zu verhindern, daß das Pferd darübertritt.
Die Aufstallung von Pferden in Ständern hat den Vorteil, daß mehr Pferde untergebracht werden können.
Die *Box* ist im allgemeinen ein allseitig geschlossener Raum mit einer Tür. Die Wände sind bis zu hal-

ber Höhe mit festem Holz verkleidet. Der obere Teil besteht meistens aus eisernen Gitterstäben, senkrecht verlaufend, die einen Abstand von etwa 8 cm haben. So kann das Pferd seinen Nachbarn sehen und fühlt sich nicht allein. Die Box sollte eine Größe von etwa 3 mal 4 m haben. In ihr kann sich das Pferd frei bewegen. Eine Anbindevorrichtung sollte dennoch vorhanden sein; günstig sind auch Futterluken.

Die Tür der Box muß einerseits sicher verriegelt sein, andererseits sich aber von außen leicht öffnen lassen, um bei Gefahr die Pferde schnell herausführen zu können.

Die *Krippe* soll im Ständer und in der Box so angebracht sein, daß das Pferd mit geradem Rücken und, ohne den Kopf heben oder senken zu müssen, fressen kann. Eine zu hoch angebrachte Krippe führt leicht zu einem Senkrücken des Pferdes. Gerade bei Fohlen muß die Krippe ihrer Größe angepaßt sein.

Weder im Ständer noch in der Box darf es vorspringende Ecken und Kanten und herausstehende Nägel geben, die leicht zu Verletzungen führen. Die Anbringung einer *Selbsttränke,* aus der die Pferde jederzeit und nach Belieben saufen können, ist zu empfehlen. Manche Pferde neigen dazu, zuviel zu saufen. Andere spielen ständig mit der Tränke herum. Insbesondere nach der Arbeit soll das Pferd nicht sofort saufen können, weil es dann meist noch warm ist. Und das Abstellen der Selbsttränke wird mit Sicherheit dann und wann vergessen.

Die Anbringung einer *Heuraufe* – ein oben offener Korb aus runden Eisenstangen mit weiten Zwischenräumen – in einer Box ist nicht empfehlenswert. Sollte sie aber verwendet werden, so darf sie aber nicht wesentlich höher als die Krippe angebracht sein. (Tiefraufe). In einem Ständer wird sich eine Heuraufe aus Platzgründen seltener anbringen lassen. Hier wird das Heu einfach unter die Krippe gelegt. Häufig werden auch Heunetze verwendet. Gute und richtige *Einstreu* trägt sehr zum Wohlbefinden des Pferdes bei. Beim Einstreuen gibt es verschiedene Möglichkeiten. Der Boden des Ständers oder der Box besteht entweder aus porösen Steinen oder aus Beton. Normalerweise kommt hierauf eine Lage aus Sägemehl oder ein Gemisch mit Torf.

Es entsteht dann eine federnde Matratze. Auf diese wird die eigentliche Einstreu aufgebracht, die aus Roggen- oder Weizenstroh bestehen soll. Sie soll reichlich, frisch, sauber und trocken sein. Ein Auflockern der Einstreu, insbesondere abends, ist wichtig. Das Pferd deckt aus der Einstreu einen Teil seines Rauhfutterbedarfs. Das Auflockern der Einstreu soll mit einer Mistgabel erfolgen, deren Zinken aber abgerundet sein müssen. Vorsicht ist hierbei geboten, um Verletzungen des Pferdes zu vermeiden. Vor Betreten des Ständers muß das Pferd angesprochen werden. Bei Unterlassung besteht die Gefahr, daß das Pferd erschrickt und ausschlägt. Man betritt den Ständer auf der linken Seite des Pferdes.

Pferde, die dazu neigen, zuviel Stroh zu fressen, erhalten eine Einstreu aus Torfmull. Der Kot des Pferdes wird mit einer Schaufel entfernt.

Gesundheit und Leistungsfähigkeit des Pferdes hängen entscheidend von seiner Ernährung ab. Es

Sauberkeit und Ordnung sind die Visitenkarte für jeden Reitstall

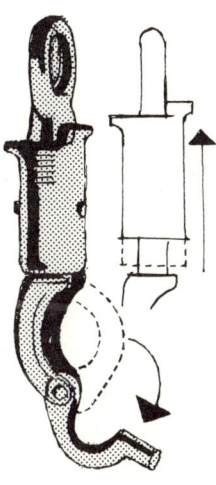

Anbinderiemen befestigt man am sichersten mit dem Panikhaken

Richtig angebundenes Pferd im Stall

gibt unter den Pferden schlechte Fresser und andere, die das aufgenommene Futter gut verwerten. Die Fütterung muß also individuell sein, sowohl in der Menge wie in der Zusammensetzung und der Häufigkeit des Fütterns. Ebenso hängt die Fütterung von der vom Pferde verlangten Arbeit ab. Es soll also zwischen Arbeit und Fütterung eine Wechselwirkung bestehen.

? *Was bekommt ein Pferd täglich?*

Ein Reitpferd bekommt bei durchschnittlicher Arbeitsleistung ein Grundfutter von 5 bis 6 kg Hafer, 5 bis 6 kg Heu und 2 bis 4 kg Häcksel, manchmal auch noch Zusatzfutter.

? *Wie muß der Hafer beschaffen sein?*

Er muß trocken, abgelagert und staubfrei sein. Dumpfig riechender, oder schimmeliger, oder ausgekeimter Hafer darf nicht verfüttert werden, weil er zu Erkrankungen, meist Kolik, führt.
Der Hafer wird mit Häcksel gemischt. Bei Pferden, die schlechte Zähne haben oder schlecht fressen, wird der Hafer gequetscht.

? *Was ist Häcksel?*

Geschnittenes Stroh. Die einzelnen Stücke sollen nicht kürzer als 2 cm sein, damit das Pferd gezwungen ist, diese zu kauen. Kürzere Stücke werden leicht unzerkaut heruntergeschluckt und führen zu Verdauungsstörungen.

? *Wie soll das Heu beschaffen sein?*

Es soll von grüner Farbe sein und gut riechen. Ein angemessener Gehalt an Kleearten und Kräutern ist wichtig. Frisches Heu darf erst nach einer Lagerung von 6 bis 8 Wochen verfüttert werden, wenn es durchgeschwitzt hat. Vorjähriges Heu zu verfüttern, ist sinnlos, weil es wesentliche Bestandteile wie Vitamine, Mineralstoffe und Spurenelemente verloren hat. Und gerade diese sind für die Ernährung des Pferdes wichtig. Dumpfiges und schlecht riechendes Heu führt leicht zu Koliken.

? *Welche Heuarten sind besonders hoch-*
wertig?

Kleeheu und Luzerne.

? *Welche Ernährungsstoffe gibt es außer*
dem Grundfutter?

Weizenkleie, Mash, Melasse, Rüben, Grünfutter und
Trockengrün, Leinsamen.

Weizenkleie, die gemahlen wird, hat einen hohen
Vitamin- und Eiweißgehalt und enthält viel Phosphor-
säure. Sie wird vom Pferd gern genommen. Ersatz-
weise für 2 bis 3 Pfund Hafer gegeben, hat sie auf
die Verdauung guten Einfluß.

Mash besteht aus Weizenkleie, Leinsamen und ge-
quetschtem Hafer. Dieses Gemisch wird mit heißem
Wasser übergossen und in lauwarmem Zustand
gegeben. Er eignet sich besonders für kranke und
in der Genesung befindliche Pferde. Außerdem ist
er während des Haarwechsels und nach besonderen Anstrengungen als Abendfutter zu empfehlen.

Melasse, ein Rückstand aus der Rübenverarbeitung,
kann mit Kleie, Biertreber und gehäckseltem Stroh
zu einer lockeren Masse vermengt werden. Diese
Masse regt den Appetit an und fördert die Darm-
tätigkeit. Sie ist für schlecht fressende Pferde gut
geeignet und verhütet Koliken.

Unter den *Rüben* werden Mohrrüben besonders
gern gefressen. Sie müssen vor der Fütterung
gründlich gesäubert und das Kraut und der grüne
Kopf entfernt werden. Runkelrüben können in Zeiten
geringer Arbeit als Massenfutter verwendet werden.

Als *Grünfutter* werden meist gutes Wiesengras,
aber auch Futterroggen und Futterhafer in der Zeit
des Schoßens verwendet. Das Grünfutter muß täglich frisch gemäht und im Schatten in einer dünnen
Schicht gelagert werden. Welkes oder erhitztes
Grünfutter, besonders Klee, führt leicht zu schweren
Koliken. Vor Fütterung von Kleefutter darf nicht getränkt werden. Ganz junges Grünfutter sollte mit
Häcksel vermischt werden. Der Übergang vom Nor-
malfutter zum Grünfutter sollte niemals von heute
auf morgen, sondern allmählich erfolgen. *Trocken-*
grün wird durch Heißlufttrocknung aus Grünfutter
gewonnen und in Würfelform gepreßt. Beim Über-

gang zum Füttern von Trockengrün ersetzen 0,5 kg Trockengrün 2 kg Hafer.

Salz- und Mineral-Lecksteine gehören in jeden Stall und sind neben der Krippe anzubringen.

? *Wie oft wird das Pferd täglich gefüttert?*

Am frühen Morgen, mittags und abends. Die größte Futtermenge erhält das Pferd abends, weil es dann die längste Zeit zum Verdauen hat und das Futter am besten ausgenutzt wird.

? *Wie sollen Füttern und Tränken vor sich gehen?*

Es soll im Stall möglichst Ruhe herrschen. Die Vorbereitung des Futters soll so erfolgen, daß das Füttern möglichst schnell erfolgen kann. Ein Putzen des Pferdes während des Fressens ist auf jeden Fall zu vermeiden. Futterneidische Pferde – das sind solche, die zur Zeit des Fütterns unruhig werden –, sind in der Box anzubinden. Sie erhalten ihr Futter zuerst. Entscheidend wichtig für die Gesundheit und das Wohlbefinden des Pferdes ist es, daß sich jedes Futter in einwandfreiem Zustand befindet. Die Fütterung von minderwertigem Futter, welcher Art auch immer, schadet dem Pferd und ist letzten Endes auch unreiterlich. Das gesündeste Futter jedoch bietet nach wie vor der Weidegang.

Tränken ist so wichtig wie Füttern.

Das Wasser muß klar, farb- und geruchlos und frei von Beimengungen sein. Es bekommt dem Pferd am besten, wenn es eine Temperatur von 9 bis 12 Grad Celsius hat. Zu kaltes Wasser führt zu Erkältungen und Störungen in den Verdauungsorganen. Zu warmem Wasser fehlt die erfrischende Wirkung.

Tränken erfolgt regelmäßig *vor* dem Füttern. In der warmen Jahreszeit kann zusätzlich getränkt werden, wenn ein Pferd ein Trinkbedürfnis erkennen läßt. Grundsätzlich wird das Pferd satt getränkt, d. h. es soll so lange trinken, wie es will. Bei Pferden, die zu einem sehr gierigen Trinken neigen, legt man eine Handvoll Heu auf das Trinkwasser. Stark erhitzte Pferde dürfen erst dann getränkt werden, wenn sie wieder trocken sind und sich Atmung und Herz wieder beruhigt haben.

Wie dem Hufbeschlag, kommt auch der richtigen Zäumung und Sattelung des Pferdes erhebliche Bedeutung zu. Die Zäumung – Trense oder Kandare – muß dem Kopf des Pferdes genau angepaßt sein.

Der Sattel muß dem Körperbau des Pferdes entsprechen. Nur dann wird sich das Pferd wohlfühlen und die von ihm erwartete Leistung erbringen. Andernfalls wird das Pferd an Gehlust einbüßen und Widerstand zeigen. Darüber hinaus führen falsche Zäumung und Sattelung zu Verletzungen – wunde Stellen am Maul und Satteldruck –, die eine Arbeitsunterbrechung zur Folge haben.

? *Welche Arten von Zäumung gibt es?*

Zäumung auf Trense und Kandare. Im Freizeitreiten werden noch andere Zäumungsarten verwendet.

? *Aus welchen Teilen besteht das Zaumzeug bei der Trense?*

Stirnriemen, Backenstück, Reithalfter mit Nasenriemen, Genickstück, Kehlriemen, Kinnriemen, Gebiß, Zügel.

? *Wie soll der Stirnriemen beschaffen sein?*

Er soll der Kopfform angepaßt sein und dicht unterhalb der Ohren gut anliegen, ohne die Beweglichkeit der Ohren zu beeinträchtigen. Der Schopf des Pferdes wird unter dem Stirnriemen hervorgezogen, liegt also über dem Stirnriemen.

? *Wie soll das Backenstück beschaffen sein?*

Es ist verschnallbar und kann so der Länge des Kopfes angepaßt werden.

? *Wie soll der Nasenriemen beschaffen sein?*

Er soll der Kopfform angepaßt sein und das Reithalfter muß so verschnallt werden, daß sein unterer Rand vier Finger breit über dem oberen Nüsternrand liegt. Ein zu lang geschnallter Nasenriemen kann die Atmung des Pferdes beeinträchtigen.

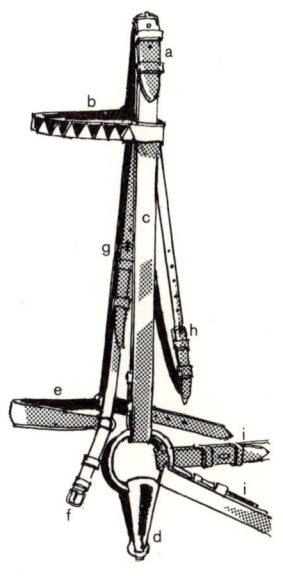

Trense mit hannoverschem Reithalfter

a Kopf-(Genick-)stück
b Stirnriemen
c Backenstücke
d Trensengebiß
e Nasenriemen
f Kinnriemen
g Reithalfter
h Kehlriemen
i Trensenzügel

Wie soll das Genickstück beschaffen sein?

Es soll der Kopfform angepaßt sein. Die Schnalle des Genickstücks soll genau über dem Genick des Pferdes liegen.

 Wie soll der Kehlriemen beschaffen sein?

Er soll so verschnallt werden, daß man bei vorgestrecktem Kopf des Pferdes eine Handbreit zwischen Backe und Kehlgang legen kann.

 Wie soll der Kinnriemen beschaffen sein?

Er ist mit dem Nasenriemen verbunden und soll so verschnallt sein, daß man zwei Finger flach unter den Nasenriemen schieben kann. Ein zu weit geschnallter Kinnriemen führt leicht zum Aufsperren des Mauls oder auch zum Herübernehmen der Zunge über das Gebiß, ein schwerwiegender Mangel. Er soll so weit sein, daß das Pferd kauen kann.

 Wie soll das Gebiß beschaffen sein?

Das Trensengebiß, aus nichtrostendem Eisen bestehend, ist in sich beweglich. Man nennt es deshalb ein gebrochenes Gebiß. Es soll in allen Teilen abgerundet und ohne Kanten sein. Die Breite des Gebisses soll der Breite des Mauls entsprechen, d. h. die Enden des Gebisses sollen bei leicht anstehender Trense nur wenig nach rechts und links aus dem Maul herausragen. Die durch das Gebiß führenden Trensenringe dürfen nicht scheuern. Die Stärke des Trensengebisses richtet sich nach der Empfindlichkeit des Mauls und nach dem Grad der

  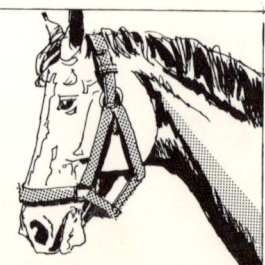

Trense   Kandare   Stallhalfter

Nachgiebigkeit des Pferdes bei den Zügelhilfen. Ein dünneres Gebiß hat eine härtere, ein dickeres Gebiß eine weichere Wirkung. Grundsätzlich ist das Trensengebiß stärker als das Gebiß der Unterlegtrense bei der Kandare. Das Gebiß soll an den Maulwinkeln anliegen, diese aber nicht hochziehen. Ein zu hoch liegendes Gebiß führt zu Scheuerstellen und auch Verletzungen an den Mundwinkeln, ein zu tief liegendes Gebiß verführt das Pferd dazu, mit dem Gebiß zu spielen oder auch die Zunge über das Gebiß zu nehmen. Beides wirkt sich auf die Arbeit nachteilig aus.

? *Wie sollen die Zügel beschaffen sein?*

Sie bestehen, wie die übrigen Teile der Trense, meistens aus Leder. Am verbreitetsten sind Zügel aus festem Gurtstoff oder solche, die mit einem Gummiüberzug versehen sind.

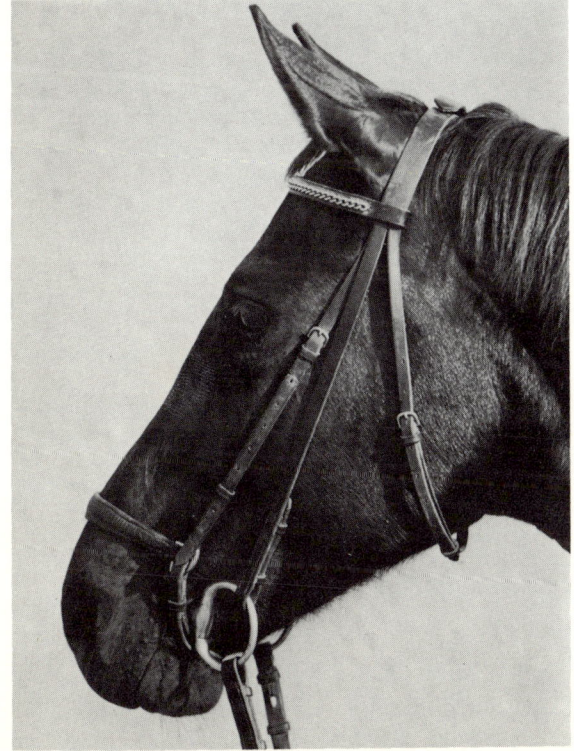

Richtig verpaßte Trense
mit hannoverschem
Reithalfter

Die Zügel werden in die Trensenringe eingeschnallt. Bei Zügeln, die zusammengeschnallt sind, soll die linke Zügelhälfte etwas länger als die rechte sein. Hierdurch wird erreicht, daß bei aufgenommenen Zügeln die Schnalle der tiefste Punkt des rechts am Pferdehals herunterhängenden Zügelendes ist.

? *Wie wird die Trense aufgelegt?*

Das Auftrensen erfolgt grundsätzlich im Stall, der dem Pferde vertrauten Umgebung. Steht das Pferd in einem Ständer, wird es *vor* dem Auftrensen gesattelt. Ein in einer Box stehendes Pferd wird zuerst aufgetrenst und dann gesattelt.

Der Reiter tritt an die linke Kopfseite des Pferdes, Blick zum Kopf, heran und legt die Zügel über den Hals. Die rechte Hand, die Kopfstück und Nasenriemen hält, wird an der rechten Kopfseite des Pferdes nach oben geführt. In der linken, leicht geöffneten Hand ruht das Gebiß. Sie schiebt das Gebiß ins Maul, sodann bringt die rechte Hand das Genickstück über die Ohren. Bei Pferden, die das Maul nicht willig öffnen, empfiehlt es sich, den linken Daumen in die obere Maulspalte zu stecken. Der Nasenriemen wird heruntergelassen und mit dem Kinnriemen verschnallt. Nach dem Schließen des Kehlriemens werden der Schopf unter dem Stirnriemen hervorgezogen und etwa unter dem Genickstück liegende Mähnenhaare in der Fallrichtung der Mähne glattgestrichen.

Das Abtrensen vollzieht sich in umgekehrter Reihenfolge.

? *Warum gibt es außer der Zäumung auf Trense auch die auf Kandare?*

Das junge Pferd wird immer auf Trense geritten. Nach Gewöhnung an das Gebiß konzentriert sich die Arbeit darauf, das Pferd an das Gebiß heranzureiten und es dazu zu bewegen, die ständige Verbindung zwischen Reiterhand und Maul selbst aufzusuchen. Danach lernt das junge Pferd die Zügelhilfen, annehmend und nachgebend und immer in Verbindung mit treibenden Hilfen, kennen. Es lernt die Nachgiebigkeit im Genick und die Rechts- und Linksstellung. Diese Ausbildung nimmt etwa ein

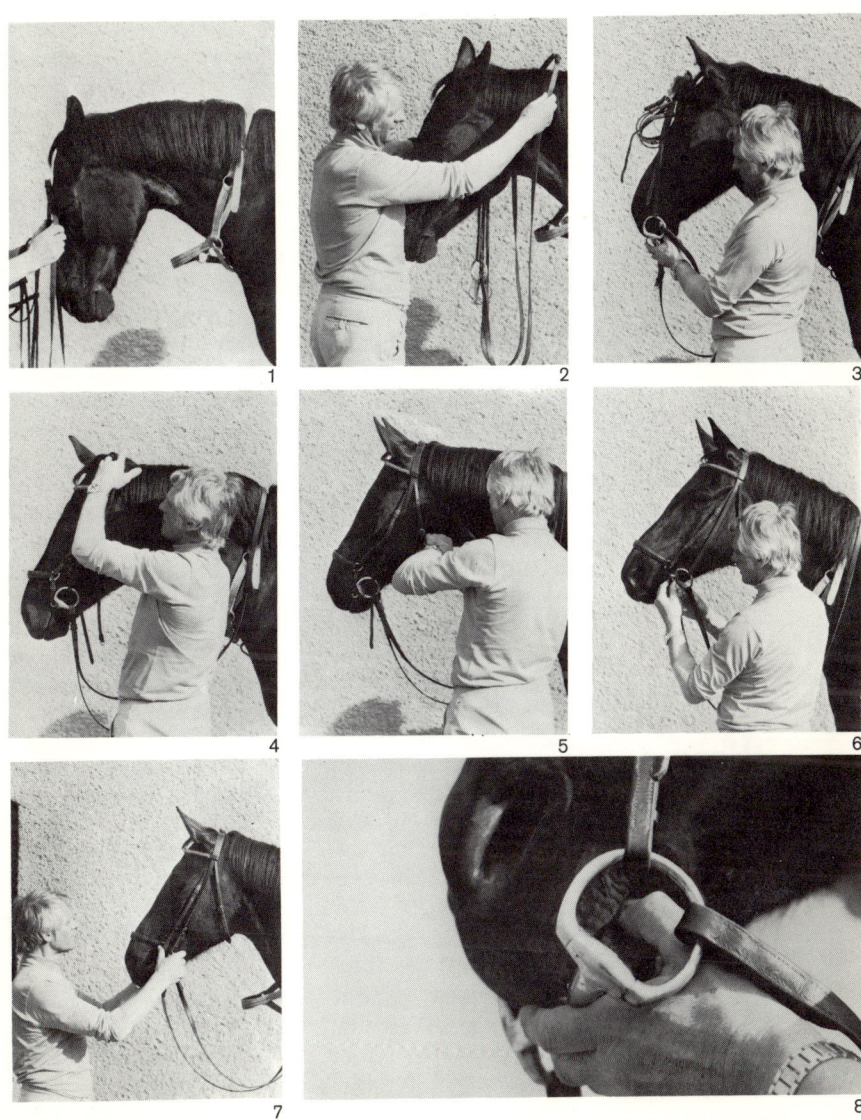

Das Auftrensen des Pferdes in mehreren Phasen.
Schlußbild: Öffnen der Maulspalte mit dem Daumen

Jahr in Anspruch. Normalerweise steht das Pferd in allen Gangarten dann am Zügel.

Erst wenn dieser Zustand erreicht ist, kann man auf die Zäumung auf Kandare übergehen. Sie ist in der Hand des Könners die feinere Art der Zäumung und für die höheren Anforderungen in der Dressur unumgänglich. Der Reiter, der von der Kandare in der richtigen Weise Gebrauch zu machen versteht, kann mit der Hand feiner einwirken und kommt dadurch eher zu einem von den Zügeln unabhängigen Sitz. Dem Pferd muß genügend Zeit gegeben werden, sich an die Kandare zu gewöhnen. Erst dann beginnt der Reiter, mit der Kandare vorsichtig einzuwirken. Die Trense – hier Unterlegtrense – muß immer vorherrschen. Ein harter Einsatz der Kandare fordert den Widerstand des Pferdes heraus und führt auf die Dauer zur völligen Unnachgiebigkeit. Hier hilft dann nur, zur Zäumung auf Trense für eine gewisse Zeit zurückzukehren, um das Pferd wieder durchlässig zu machen.

Beim Reiten auf Kandare soll die Trense solide, die Kandare dagegen nur leicht anstehen. Beim Reiten von Wendungen ist auf das Ordnen der Zügel besonders zu achten. Steht der äußere Kandarenzügel zu stark an, ist das Pferd nicht in der Lage, sich der Wendung entsprechend zu stellen. Das Durchhängenlassen des inneren Kandarenzügels ist fehlerhaft.

Während früher ausschließlich die Zügelführung 3 zu 1 – linker Trensenzügel und beide Kandarenzügel in der linken Faust, rechter Trensenzügel in der rechten Faust – üblich war, ist man seit einigen Jahren zur Zügelführung 2 zu 2 übergegangen. Die rechte und linke Zügelfaust führen je einen Trensen- und Kandarenzügel, wobei die Trensenzügel außen liegen. Bei dieser Zügelführung muß die Neigung vieler Reiter, von der Kandare zuviel Gebrauch zu machen, ständig bekämpft werden.

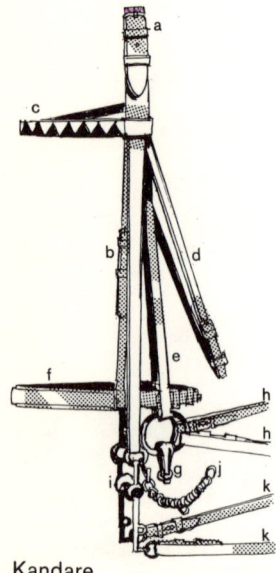

Kandare

a Genickstück
b Kandarenbackenstück
c Stirnriemen
d Kehlriemen
e Trensenbackenstück
f Nasenriemen
g Unterlegtrense
h Trensenzügel
i Kandarengebiß
  mit Haken für die
  Kinnkette
j Kinnkette
k Kandarenzügel

? *Aus welchen Teilen besteht die Kandare?*

Genickstück, Stirnriemen, Trensenbackenstück, Kandarenbackenstück, Kehlriemen, Nasenriemen, Unterlegtrense (Gebiß), Kandarengebiß mit Kinnkettenhaken, Kinnkette, Trensenzügel, Kandarenzügel.

Alle Teile der Kandare müssen der Kopfform des Pferdes angepaßt werden. Der *Nasenriemen* liegt hier deutlich höher und zwar acht Finger breit über dem oberen Nüsternrand, oder 1 bis 2 cm unter der Jochbeinleiste. Das *Trensengebiß*, das hier schwächer als bei einer normalen Trense ist, soll an den Maulwinkeln anliegen, diese aber nicht hochziehen.

Die *Kandare* soll so im Pferdemaul liegen, daß sich das *Gebiß* etwa in gleicher Höhe mit der Kinnkettengrube befindet, ohne die Hakenzähne zu berühren. Das Kandarengebiß ist starr, ein sogenanntes Stangengebiß. Die Breite des Gebisses soll der Breite des Mauls genau angepaßt sein. Das Obergestell soll etwas nach außen gebogen sein, um Verletzungen in der Maulgegend zu vermeiden.

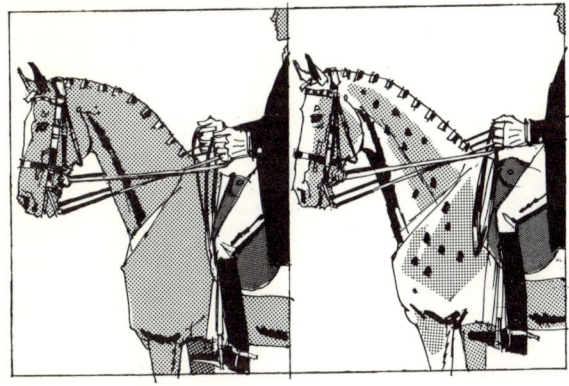

Zügelführung auf Kandare

Bei empfindsamen Pferden ist eine Kandare mit geringer Zungenfreiheit und kurzen Anzügen zu empfehlen. Bei Pferden, die dazu neigen, die Zunge über das Gebiß zu nehmen, sollte die Zungenfreiheit größer sein. Die *Kinnkettenhaken* sollen nach außen gebogen sein. Hierdurch wird das Einlegen der Kinnkette erleichtert und es werden Verletzungen am Pferdemaul vermieden.

Die *Kinnkette* soll nach rechts glatt ausgedreht sein und in der Kinnkettengrube liegen. Sie ist richtig eingelegt, wenn bei anstehenden Kandarenzügeln zwischen Kandare und Maulspalte ein Winkel von 45 Grad gebildet wird. Ist dieser Winkel größer, so spricht man von einer durchfallenden Kandare. Ist der Winkel kleiner als 45 Grad, spricht man von einer strotzenden Kandare.

Dio *Kandarenzügel* sind schmaler als normale Trensenzügel, jedoch fast ebenso stark wie die Zügel der Unterlegtrense.

? Wie wird die Kandare aufgelegt?

Hier gilt sinngemäß dasselbe wie bei der Aufzäumung auf Trense.

? *Welche Hilfszügel gibt es?*

Ausbindezügel und Ringmartingal.
Die Verwendung von Hilfszügeln sollte so wenig wie möglich erfolgen. Sie sind niemals ein Ersatz für die richtige Einwirkung des Reiters.

Richtig   Falsch

Richtig und falsch
verschnalltes Martingal

Ausbindezügel – sie werden am Sattelgurt rechts und links unter den Sattelblättern eingeschnallt und in die Trensringe eingehakt – bewirken, daß sich das Pferd auf mechanische Weise beizäumt. Für am Anfang der Ausbildung stehende Reiter, die noch nicht in der Lage sind, ein Pferd beizuzäumen und in Beizäumung zu reiten, sind Ausbindezügel zu empfehlen, weil nur das beigezäumte Pferd im Rücken schwingt, und nur ein schwingender Rücken den Reitern einen guten Sitz ermöglicht. Der Ausbindezügel findet auch beim Longieren eines Pferdes Verwendung.

Das *Ringmartingal* findet nur beim Springen und beim Geländereiten Verwendung. Es soll so verpaßt sein, daß bei leichter Beizäumung der anstehende Zügel nicht gebrochen ist, sondern eine gerade Linie bildet. Das Martingal darf also keine Hebelwirkung haben. Es dient lediglich dazu, das Kopfschlagen des Pferdes zu verhindern.

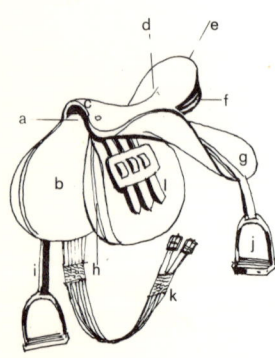

a Sattelkammer
b Schweißblatt
c Vorderzwiesel
d Sitzfläche
e Sattelkranz
f Sattelpolster
g Sattelblatt
h Pausche
i Steigbügelriemen
j Steigbügel
k Sattelgurt
l Strupfen

? *Welchen Sattel verwendet man?*

Den Dressursattel für dressurmäßiges Reiten; den Vielseitigkeitssattel für dressurmäßiges Reiten, Reiten im Gelände und über Sprünge; den Springsattel nur zum Reiten über Sprünge.
Der *Dressursattel* hat nahezu senkrecht verlaufende und längere Sattelblätter. Hierdurch soll verhindert werden, daß der mit tiefem Knie und langen Bügeln

reitende Reiter die Sattelbänder in die Höhe schiebt. Der *Vielseitigkeitssattel* hat etwas nach vorn ausschwingende und etwas kürzere Sattelblätter. Die Sattelblätter sind an ihrem vorderen Teil mit flach auslaufenden weichen Polstern unterlegt (Pauschen). Hierdurch erhält das Knie des Reiters eine festere Lage.

Beim *Springsattel* schwingen die Sattelblätter noch etwas mehr vor und sind ebenfalls mit weichen Polstern unterlegt.

❓ *Was ist bei der Wahl eines Sattels zu beachten?*

Der Sattel muß individuell sorgfältig verpaßt werden. Das Verpassen geschieht am besten ohne Unterlegdecke. Der Sattel muß auf dem Pferderücken überall und gleichmäßig aufliegen; der tiefste Punkt des Sattels soll sich in der Mitte der Sitzfläche befinden. Besonders wichtig ist es, daß die Sattelkammer so viel Spielraum hat, daß der Widerrist nicht berührt wird. Als Satteldecke, die in ihrer Form und Größe dem Sattel entsprechen muß, verwendet man meistens eine Filzdecke. Sie wird durch dünne Lederriemen, die zwischen Schweißblatt und Sattelblatt verlaufen, am Sattel gehalten.

Ein Sattel mit zu enger Sattelkammer führt leicht zu einer Wunde am Widerrist, die nur langsam heilt und eine Arbeitsunterbrechung zur Folge hat. Ein nicht gleichmäßig aufliegender Sattel führt zu Satteldrücken, durch die das Pferd ebenfalls für längere Zeit ausfällt.

❓ *Welche Teile gehören zum Sattel?*

Sattelkammer, Vorderzwiesel, Sitzfläche, Hinterzwiesel, Sattelpolster, Schweißblätter, Sattelblätter, Sattelgurtstrippen, Steigbügelriemen, Steigbügel, Sattelgurt.

Die *Steigbügelriemen,* die verstellbar sind, sind am obersten Teil des Sattelblatts in einer waagerecht verlaufenden Öse aufgehängt, die hinten einen nach oben führenden Fortsatz hat, aber offen ist. Dies ist eine Vorsichtsmaßnahme. Stürzt der Reiter, so muß sich der Bügelriemen mit Steigbügel vom Sattel

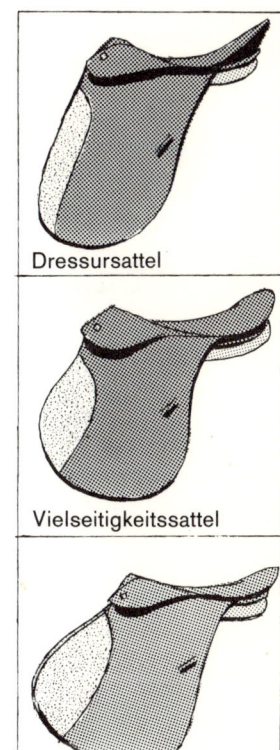

Dressursattel

Vielseitigkeitssattel

Springsattel

Richtig gesatteltes Pferd

Schlecht gesatteltes
Pferd mit verdrehtem
Sattelgurt

lösen können. Ein Hängenbleiben des Reiters im Bügel kann zu schweren Unfällen führen.

Die *Steigbügel* sollen so breit und hoch sein, daß der Fuß des Reiters bequem darin Platz hat. Solche Bügel erleichtern das Aufnehmen beim Aufsitzen und verhindern das Hängenbleiben im Bügel im Falle eines Sturzes. Die Steigbügel sollen schwer sein. Ein leichter Bügel gibt dem Fuß des Reiters einen weniger guten Halt und erschwert das Aufnehmen nach dem Verlieren. Gummieinlagen, die mit einem Riemen befestigt werden, können dazu beitragen, das Verlieren des Bügels beim Reiten zu mindern. Sie sind aber für den geübten Reiter nicht erforderlich.

Der *Sattelgurt* besteht zweckmäßigerweise aus mehreren festen und gedrehten Leinenstrippen, die durch Verbindungsstege zusammengehalten werden. Die kleinen Zwischenräume zwischen den einzelnen Strippen gewährleisten einen guten Sitz des Sattelgurts.

Die Verwendung eines Sattelgurts aus geschmeidigem Leder empfiehlt sich nur dann, wenn das Pferd neben einer guten Sattellage auch eine ausgeprägte Sattelgurtlage hat.

Jeder Sattel sollte *drei Sattelgurtstrippen* (am Ende) haben, von denen zwei zum Befestigen des Sattels dienen. Die dritte Gurtstrippe dient als Reserve.

 Wie sattelt man ein Pferd?

Das Satteln erfolgt grundsätzlich im Ständer oder in der Box. Den Sattel mit dem linken Arm haltend, tritt der Reiter an die linke Seite des Pferdes heran. Der Sattelgurt liegt hierbei über dem Sattel. Das Auflegen des Sattels erfolgt behutsam, und zwar zunächst etwas vor der Sattellage. Sodann wird der Sattel in Haarrichtung in die Sattellage geschoben, damit das Haar unter dem Sattel glatt bleibt. Die Satteldecke wird in die Sattelkammer hineingezogen. Etwa unter dem Vorderzwiesel befindliche Mähnenhaare werden glatt gestrichen. Man tritt, vorn herumgehend, auf die rechte Seite des Pferdes, um zu prüfen, ob Sattel und Satteldecke korrekt liegen. Dabei läßt man den Sattelgurt heruntergleiten, der von der linken Seite eingeschnallt und zunächst nur leicht angezogen wird. Ein festeres Anziehen des

Richtig aufgelegter Sattel
mit links hochgenomme-
nem Steigbügel

Sattelgurtes erfolgt dann vor dem Aufsitzen. Ein end-
gültiges Anziehen des Sattelgurtes, das Nachgurten,
erfolgt, sobald sich das Pferd nach einiger Bewegung völlig entspannt hat. Von Sattelzwang spricht
man bei Pferden, die erst nach längerer Zeit das
feste Anziehen des Sattelgurts erlauben. Dies ist
keine Untugend! Daher sind bei solchen Pferden
Geduld und Ruhe erforderlich.
Nach dem Absitzen nach getaner Arbeit soll der
Sattelgurt zur Erleichterung des Pferdes sofort ge-
lockert werden. Die Steigbügel werden dann hoch-
geschoben, und der Steigbügelriemen wird durch
die Öffnung des Steigbügels gesteckt, um ein Heruntergleiten des Bügels zu verhindern.

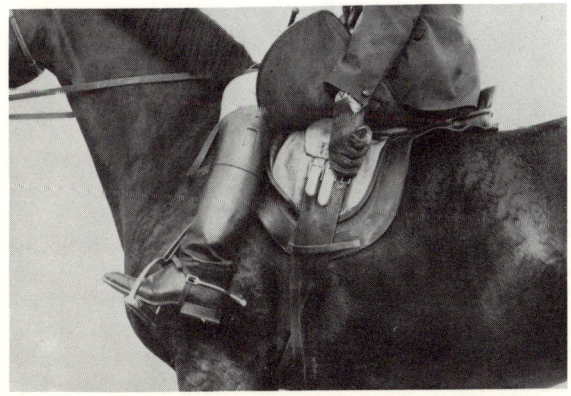

Nachgurten

? *Wie werden Zaumzeug und Sattelzeug gepflegt?*

Beide sollen nicht im Stall selbst, sondern in einem besonderen Raum mit Tür, einer Sattelkammer, aufbewahrt werden, die immer gut gelüftet sein muß und eine möglichst gleichmäßige Temperatur haben soll. Durch Feuchtigkeit, Ausdünstungen der Pferde und dem Mist entströmenden Ammoniak werden die Haltbarkeit und Lebensdauer von Zaum- und Sattelzeug beeinträchtigt. Alle Lederteile werden mit einem feuchten Schwamm und Sattelseife gereinigt, danach getrocknet und etwa wöchentlich einmal mit Lederfett eingerieben, um ihre Geschmeidigkeit zu erhalten. Lediglich mit Sattelseife werden die Teile des Sattels behandelt, die mit Gesäß und Schenkeln des Reiters in Berührung kommen.

Sättel aus Wildleder werden von Zeit zu Zeit mit einer dafür geeigneten Bürste aufgerauht.

Die Satteldecke wird mit einer Bürste gereinigt und von Zeit zu Zeit gewaschen. Wichtig ist, daß sie immer geschmeidig bleibt und nicht hart wird. Eine harte Satteldecke kann zu Scheuerwunden führen. Der Reiter muß sich laufend davon überzeugen, ob Zaum- und Sattelzeug in ordnungsmäßigem Zustand sind. Dies gilt besonders für die Zügel und die Steigbügelriemen. Durch plötzliches Reißen, z.B. eines Zügels, kann der Reiter die Gewalt über das Pferd verlieren. Dadurch können Unfälle, insbesondere im Gelände und auf dem Springplatz, eintreten. Ebenso kann ein gerissener Steigbügelriemen zu schweren Sturzverletzungen führen.

? *Wie wird ein Pferd vorgeführt?*

Bei Material- und Eignungsprüfungen und nach Geländeprüfungen im Rahmen einer Military müssen die Pferde den Richtern zur Beurteilung ihres Gebäudes bzw. zur Begutachtung ihrer körperlichen Verfassung ungesattelt vorgestellt werden.

Der Reiter nimmt den Zügel vom Hals und tritt an die linke Seite des Pferdes. Die rechte Hand ergreift beide Zügel etwa zwei Handbreit hinter den Trensenringen, wobei der rechte Zeigefinger zwischen den Zügeln liegt. Die Zügelenden werden zusammengelegt und in die rechte Hand genommen.

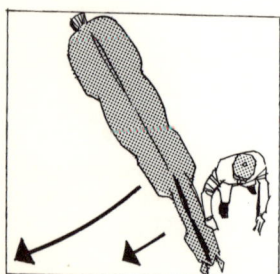

Beim Führen die Wendungen immer nach rechts machen

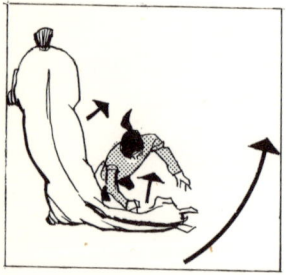

Falsche Wendung nach links: Der Reiter hat so keine Gewalt über das Pferd –

Gefahr von Verletzungen an den Pferdebeinen

Richtiges Führen des Pferdes am Zügel

Falsche und leichtfertige
Führung des Pferdes

Das Anführen erfolgt immer im Schritt. Nach einigen
Pferdelängen geht der Reiter zum Trabe über, wobei
er mit dem Pferde im gleichen Takt laufen muß. Ein
heftiges oder angaloppierendes Pferd wird mit Hilfe
der Zügel reguliert. Das Vorführen muß immer auf
einer geraden Linie erfolgen. Jede Wendung, die
nur im Schritt erfolgen darf, muß nach rechts ausgeführt werden. Bei einer fälschlichen Wendung
nach links, die meist auf einem zu engen Bogen ausgeführt wird, besteht die Gefahr, daß das Pferd sich
einen Kronentritt zuzieht.

? *Wie soll ein Pferd bei einer Material- oder
Eignungsprüfung aufgestellt werden?*

Es soll so stehen, daß es sich dem beurteilenden
Richter am günstigsten präsentiert. Wenn z. B. der
Richter die linke Körperseite des Pferdes betrach-
tet, so soll der linke Vorderfuß des Pferdes etwas
vor dem rechten Vorderfuß und der linke Hinterfuß
etwas hinter dem rechten Hinterfuß stehen. Der Hals

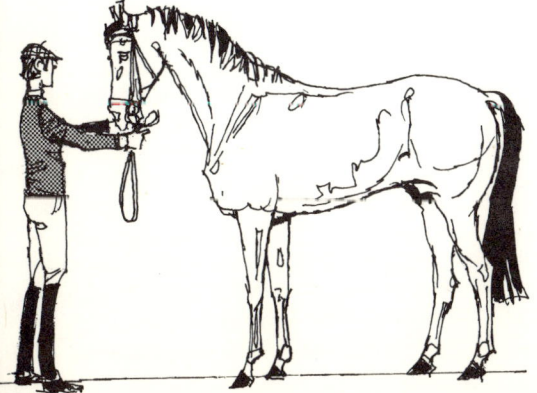

soll in seiner vollen Länge sichtbar werden und, wie der Kopf, etwas nach oben getragen werden. Das Pferd soll ruhig stehen.

Zur Aufstellung stellt sich der Reiter mit gespreizten Beinen vor das Pferd. Rechte und linke Hand erfassen je einen Zügel etwa zwei Handbreit unterhalb der Trensenringe. Das Zügelende liegt zusammengenommen in der rechten Hand. Durch leichte Bewegung mit den Zügelfäusten lenkt der Reiter die Aufmerksamkeit des Pferdes auf sich selbst. Korrekturen in der Aufstellung müssen immer nach vorwärts ausgeführt werden.

? Was ist Longieren und welchen Zwecken dient es?

Longieren ist die Arbeit des Pferdes ohne Reiter, wobei das Pferd normalerweise gezäumt und gesattelt ist.

? Was wird zusätzlich zum Longieren benötigt?

Eine Longe, 7 m lang; Ausbindezügel und eine lange Peitsche, hochgebundene Bügel.

? Wie bewegt sich das Pferd beim Longieren?

Es bewegt sich auf einem Kreisbogen um den in der Mitte der Bahn oder des Reitplatzes stehenden Reiter an der Longe herum, und zwar in allen drei Gangarten.

? Wie geht das Longieren vor sich?

Die Longe ist etwa 7 m lang und wird so im Trensenring verschnallt, daß Trensenring und Reithalfter erfaßt werden, um jede Störung im Maul zu vermeiden.

Bei einem jungen Pferd werden die Ausbindezügel nicht benutzt, um ihm volle Hals- und Kopffreiheit zu belassen. Ältere Pferde werden mit Ausbindezügeln longiert, wobei der jeweils innere Ausbindezügel etwas kürzer sein muß, um dem Pferd die korrekte Innenstellung geben zu können. Die Peit-

Richtig verschnall- Longe steht richtig an Falsch: Longe hängt durch
ter Hilfszügel

sche, die auf die Hinterhand des Pferdes gerichtet ist, sorgt dafür, daß das Pferd die gewünschte Gangart beibehält. Die Stimme des Reiters ist beim Longieren besonders wichtig. Durch ein langgezogenes »Schritt«, »Trab« oder »Galopp« kann er das Pferd schnell daran gewöhnen, in die gewünschte Gangart überzugehen. Die Trense bzw. die Kandare hat beim Longieren keinerlei Funktion. Sie ist an ihrem Ende am Vorderzwiesel des Sattels befestigt und wirkt auf das Pferdemaul nicht ein.

? Welche Pferde werden longiert?

Junge Pferde in der ersten Zeit ihrer Ausbildung bis zum ersten Aufsitzen des Reiters. Das Longieren kann aber auch fortgesetzt werden, nachdem sich das Pferd an das Reitergewicht gewöhnt hat.

- Ältere Pferde zum Lösen und Entspannen vor der eigentlichen Arbeit im Sattel.
- Pferde, deren Reiter am Reiten verhindert sind.
- Pferde, die wegen eines Satteldrucks nicht geritten werden können. Sie werden selbstverständlich ohne Sattel longiert.
- Pferde, die nach Erkrankungen wieder allmählich an die Arbeit gewöhnt werden müssen.

Longieren ist eine Kunst. Es führt erst dann zum Erfolg, wenn der Reiter über eine gute Erfahrung verfügt. Es ist ein gewisser Ersatz für die Arbeit im Sattel, wenn es von der Hand eines Kenners ausgeübt wird. Longieren mit dem Reiter im Sattel ist eine sehr gute Übung für den Anfänger, der dadurch schneller zu einem sicheren und guten Sitz kommt. Für ältere Reiter empfiehlt es sich von Zeit zu Zeit, um ihren Sitz zu verbessern.

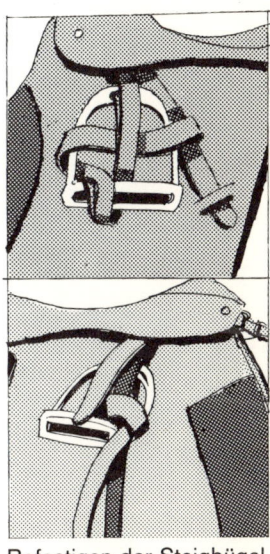

Befestigen der Steigbügel beim Longieren

Verkürzen der Trensenzügel beim Longieren

Das Freizeitreiten hat in den letzten Jahren eine stürmische Aufwärtsentwicklung genommen und ist weiter im Zunehmen begriffen. Damit kann wohl die Zeit, in der das Reiten noch einen exklusiven Charakter hatte, als endgültig überwunden angesehen werden.

Der Freizeitreiter bewegt sich mit seinem Pferde fast ausschließlich im Gelände, in der freien Natur. Mit der gesundheitsfördernden körperlichen Betätigung im Sattel verbindet sich die wachsende Freude am Pferde. Bei dem meist längeren Zusammensein mit dem Pferde, sei es bei einem mehrstündigen Spazierritt, bei Wochenendritten oder beim Wandern zu Pferde über mehrere Tage, wird sich der Kontakt zum Pferde meist schnell vertiefen und Reiter und Pferd werden zu einer glücklichen Gemeinschaft zusammenwachsen. Daß hiermit eine Verbesserung der reiterlichen Praxis verbunden ist, ist ein zusätzlicher Gewinn.

Welche Bedeutung die FN dem Freizeitreiten zumißt, kommt darin zum Ausdruck, daß sie einen »Ausschuß für Freizeitreiten und Breitensport« ins Leben gerufen hat. Dieser Ausschuß steht gleichrangig neben den bereits bestehenden Ausschüssen. Seine Aufgabe ist es, den Freizeitreitern die Hilfe zuteil werden zu lassen, deren sich die Reiter im Leistungssport und im Höchstleistungssport bereits erfreuen. Daß sich das Freizeitreiten, wie der übrige Reitsport, in gewissen Formen und nach gewissen Grundsätzen praktizieren muß, wird jedem Einsichtigen einleuchten. Das Freizeitreiten vollzieht sich, wie schon gesagt, im Gelände, d. h. also in der Öffentlichkeit. Die Freizeitreiter stehen also viel öfter unter Beobachtung als die Reiter, die ihr Pferd in der Stille der Reithalle oder auf dem Reitplatz arbeiten. Das Urteil über die Reiterei ganz allgemein, positiv oder negativ, wird sich nicht wenig am Verhalten der Freizeitreiter ausrichten.

Im einzelnen sieht die Prüfung im Fach Freizeitreiten folgendes vor:

Kenntnisse der Besonderheiten in Haltung und Ausbildung von Pferden für die verschiedenen Gebrauchszwecke im Freizeitsport

Für die Freizeitreiterei haben sich insbesondere Islandpferde und Fjordpferde als besonders zweckmäßig und finanziell vorteilhaft erwiesen. Daneben finden Kleinpferde verschiedener Abstammung mit gutem Erfolg Verwendung.

Die *Robusthaltung* ermöglicht auch dem weniger bemittelten Reiter die Haltung eines eigenen Pferdes, weil sie billig ist. Sie kann unterschiedliche Formen haben. Allen Formen gemeinsam ist aber, daß es den Pferden während des ganzen Jahres weitgehend selbst überlassen ist, sich im Freien oder in einer Schutz bietenden Baulichkeit aufzuhalten. Diese Pferde kennen also keinen festen Stall, den sie regelmäßig aufsuchen können. Sie sind sich selbst überlassen und können ihren Bewegungstrieb voll und ganz befriedigen. Dennoch versteht es sich von selbst, daß diese Pferde einer gewissen Aufsicht bedürfen, um bei Erkrankungen oder Verletzungen rechtzeitig eingreifen zu können.

Für die Haltung der Pferde bieten sich in erster Linie große Weideflächen an, auf denen Rinder und Pferde gemeinsam weiden können. Gewisse Stellen werden von den Rindern gemieden. Und diese werden von den Pferden bevorzugt. Ein besonderer Vorteil großer Weiden liegt darin, daß die Pferde genügend Bewegungsfreiheit haben, eine wesentliche Voraussetzung für eine gute Kondition.

Bei kleineren Weiden wird die Futtergrundlage schneller erschöpft sein. Auf den Weiden muß die Wasserversorgung sichergestellt sein.

Während vom Frühjahr bis zum Herbst eine Fütterung der Pferde nicht erforderlich ist – unter der Voraussetzung, daß die Weiden ausreichend Futter hergeben –, ist die Fütterung in den Wintermonaten selbstverständlich.

Die Pflege der Robustpferde wird nicht regelmäßig möglich sein, wie es bei einem normalen Reitpferd erforderlich ist. Dennoch sollte jeder Freizeitreiter anstreben, sein Pferd so oft wie möglich zu putzen, weil Putzen den Blutkreislauf belebt und damit das Wohlbefinden des Pferdes fördert.

Dem Hufbeschlag der Robustpferde und der Pflege der Hufe ist ständige Aufmerksamkeit zu widmen. Ein neuer Hufbeschlag sollte einige Tage *vor* einem längeren Ausritt vorgenommen werden.

Die *Ausbildung* von Pferden für das Freizeitreiten beginnt wie die bei normalen Reitpferden. Nach der Gewöhnung an Zäumung – meistens Trense, aber

auch Bosal und Hackamore finden Verwendung –
und Sattelung beginnt das Aufsitzen und damit
die Gewöhnung an das Reitergewicht. Alles vollzieht sich im Freien. Die Pferde lernen die treibenden und verhaltenden Hilfen des Reiters kennen.
Der Gebrauch einer einfachen Gerte ist anfänglich
zweckmäßig. Wesentlich ist, daß das Pferd in allen
Gangarten willig vorwärts geht, ohne zu stürmen.
In der Ausbildung im Galopp sollte das Pferd an die
korrekten Galopphilfen des Reiters gewöhnt werden.

Anzustreben ist, daß die Pferde als Folge der richtigen Ausbildung in etwa am Zügel stehen. Nur ein
am Zügel stehendes Pferd schwingt im Rücken. Und
nur ein schwingender Pferderücken erlaubt es dem
Reiter, geschmeidig, bequem und auch bei längeren
Ritten kaum ermüdend zu sitzen. Dies gilt auch für
das Leichttraben, in dem im Gelände ausschließlich
geritten wird, mit regelmäßigem Fußwechsel nach
längeren Reprisen.

Endziel der Ausbildung muß es sein, die Pferde
durch systematisches, sich langsam steigerndes
Training in eine Kondition zu bringen, in der sie
auch langdauernde Ritte unter sparsamem Kräfte-
einsatz ohne Schaden bewältigen können. Nicht genügend trainierte Pferde erleiden Schäden an ihrer
Gesundheit und zwingen unter Umständen, einen
Ausritt abzubrechen bzw. das Pferd nach Hause
zu führen.

Was für das Pferd gilt, gilt auch für den Reiter. Auch
er bedarf einer Ausbildung. Sie sollte so weit ge-
diehen sein, daß er ein Pferd in allen Gangarten
beherrscht, d. h. daß er sicher im Sattel sitzt. Nur
dann kann er sich selbst und andere vor Unfällen
bewahren.

Er wird nur dann den Anstrengungen eines länger
dauernden Rittes gewachsen sein, wenn er sich
durch systematisches Training in die erforderliche
körperliche Verfassung bringt. Andernfalls wird aus
der anfänglichen Freude eine Qual.

Zur Ausbildung tritt die *Erziehung* hinzu. Hierzu gehört insbesondere, daß das Pferd bei Zäumung und
Sattelung und beim Auf- und Absitzen absolut ruhig
steht. Das ruhige Stehen muß sehr oft geübt werden
und dem Pferde zur Selbstverständlichkeit werden.
Die gleiche Übung sollte auch im Gelände immer

wiederholt werden, gleichgültig, ob man sich allein oder in der Gruppe befindet.

Zur Erziehung gehört weiterhin, daß die Pferde daran gewöhnt werden, sich ohne Mühe auf der Weide einfangen zu lassen. Eine kleine Futtergabe und eine ruhige Sprache wird eine anfängliche Scheu schnell überwinden. Anders ausgedrückt: der Reiter sollte bemüht sein, zwischen sich und seinem Pferde ein Vertrauensverhältnis herzustellen.

Für das Freizeitreiten sind neben den vorher erwähnten Pferden auch alle anderen Warmblutpferde verwendbar. Diese sind aber zumeist an die Haltung und Fütterung im Stall gewöhnt und daher in ihrer Haltung wesentlich kostspieliger.

Führung von Reitergruppen bei Ausritten

Die Führung muß immer in der Hand eines Reiters mit weitreichenden Erfahrungen liegen. Nur ein solcher Reiter ist in der Lage, den Teilnehmern und den Pferden in Krisensituationen zu helfen.

Ausritte können in Form von Spazierritten, Wochenendritten und Streckenritten durchgeführt werden.

Spazierritte sind besonders für naturverbundene Menschen geeignet. Sie dienen der Erholung und sind gesundheitsfördernd. Die Freude an Spazierritten wird besonders groß sein, wenn der Reiter über ein Pferd verfügt, das willig vorwärts geht, gehorsam ist und nicht scheut.

Wochenendritte sind ausgedehnter und umfassen eine Wegstrecke von 30 bis 40 km.

Streckenritte führen über wesentlich längere Wegstrecken und dehnen sich über mehrere Tage aus. Sie bedürfen gründlicher Vorbereitung.

Planung und Organisation

Wochenendritte und Streckenritte bedürfen sorgfältiger Planung und Vorbereitung. Zur Planung gehören die Festlegung der Dauer und der Wegestrecken. Das Tagespensum ist vorher genau festzulegen. Hierbei muß auf das schwächste Teilnehmerpaar – Reiter und Pford – Rücksicht genommen werden. Bei der Auswahl der Wegestrecken sind die Bodenverhältnisse – ebenes Gelände, bergiges Gelände, kleine Wasserläufe – zu berücksichtigen. Es können Ausritte geplant werden, bei denen die Reiter am Abend wieder an den Ausgangsort zurückkehren. Ebenso können Streckenritte in mehreren Etappen durchgeführt werden. Die organisatorischen Vorbereitungen hierfür werden umfangreicher sein.

Für die Mitführung alles dessen, was Reiter und Pferde für einen Etappen-Streckenritt brauchen, ist ein Fahrzeug von großem Nutzen. Dieses Fahrzeug sollte morgens so rechtzeitig aufbrechen, daß es *vor* Eintreffen der Reitergruppe am Zielort eintrifft, um alle Vorbereitungen für die Versorgung von Pferd und Reiter treffen zu können.

Es sollten mitgeführt werden: Pferdefutter, Futterbeutel, Eimer, Putzzeug, Halfter, Anbindeketten oder Anbinderiemen, Anbindepflöcke, Ersatzteile für Zäumung und Sattelung, die gängigsten Medikamente für Pferd und Reiter, Pferdedecken.

Hinzu kommen die wirklich notwendigen Gegenstände des täglichen Bedarfs der Reiter.

Sicherheit von Reiter und Pferd

Sie ist von vornherein am besten gewährleistet, wenn Reiter und Pferd so trainiert sind, daß sie den Anforderungen gewachsen sind. Bei der Zusammenstellung der Reitergruppe ist hierauf besonders Bedacht zu nehmen. Das Reiten in der Natur und auf belebten Straßen schließt immer ein Risiko ein. Daher ist jedem Reiter zu empfehlen, als Halter eines Reitpferdes eine Haftpflichtversicherung abzuschließen. Darüber hinaus sollte er gegen Unfall versichert sein.

Sehr wichtig ist, daß sich Zäumung und Sattelung in einem einwandfreien Zustand befinden. Hier ist eine ständige Überprüfung unbedingt erforderlich. Jeder Reiter sollte eine bruch- und splittersichere Sturzkappe tragen. Wenn irgend möglich, sollten von Kraftfahrzeugen stark befahrene Wege und Straßen gemieden werden, und insbesondere dann, wenn die Pferde an den Straßenverkehr noch nicht genügend gewöhnt sind.

Jeder Ausritt sollte möglichst vor Eintritt der Dunkelheit beendet sein. In Fällen, in denen dies nicht möglich ist, müssen alle Pferde hinten oberhalb der Fessel spezielle Rückstrahler tragen. Der erste Reiter trägt eine Lampe mit weißem oder schwach gelblichem Licht, die an der der Straßenmitte zugewandten Seite des Pferdes gut sichtbar aufzuhängen ist. Der letzte Reiter trägt eine Lampe mit rotem Licht sinngemäß.

Auf Straßen wird grundsätzlich scharf rechts geritten und in Reihe hintereinander.

Das Auf- und Absitzen auf einer belebten Straße ist auf jeden Fall zu vermeiden.

Die Ausrüstung des Reiters sollte davon ausgehen, das Pferd so wenig wie möglich zu belasten. Sie hängt von der Dauer des Rittes und davon ab, ob ein Fahrzeug mitgeführt wird. Die Mitführung von kleineren Satteltaschen, eines Anbinderiemens oder Anbindeseils, eines Verbandpäckchens und einer elastischen Binde ist empfehlenswert. Ein unter der Trense aufgelegtes leichtes Stallhalfter ist von Vorteil.

Wichtig für den Reiter ist eine gut sitzende und bequeme Reithose. Ebenso kann eine lange Reithose, möglichst mit Waschlederbesatz, Verwendung finden. Anstelle eines Reitrockes empfiehlt sich in der warmen Jahreszeit eine Leinenjacke oder ein Pullover. Empfehlenswert ist eine Regenhaut.

Verkehrsregeln

Für Reiter und Führer von Pferden gelten die für den gesamten Fahrverkehr einheitlich bestehenden Verkehrsregeln und Anordnungen der Straßenverkehrsordnung (§ 28) sinngemäß. Davon im Auszug:

»(1) Haus- und Stalltiere, die den Verkehr gefährden können, sind von der Straße fernzuhalten. Sie sind dort nur zugelassen, wenn sie von geeigneten Personen begleitet sind, die ausreichend auf sie einwirken können. Es ist verboten, Tiere von Kraftfahrzeugen aus zu führen. Von Fahrrädern aus dürfen nur Hunde geführt werden.«

»(2) Für Reiter, Führer von Pferden sowie Treiber und Führer von Vieh gelten die für den gesamten Fahrverkehr einheitlich bestehenden Verkehrsregeln und Anordnungen sinngemäß. Zur Beleuchtung müssen mindestens verwendet werden:
1. Beim Treiben von Vieh vorn eine nicht blendende Leuchte mit weißem Licht und am Ende eine Leuchte mit rotem Licht,
2. beim Führen auch nur eines Großtieres oder von Vieh eine nicht blendende Leuchte mit weißem Licht, die auf der linken Seite nach vorn und hinten gut sichtbar mitzuführen ist.«

Rücksichtnahme auf andere Verkehrsteilnehmer, insbesondere Fußgänger, ist oberstes Gebot. Bei Begegnung mit anderen Reitergruppen oder Viehherden ist zum Schritt überzugehen.

Verhalten im Gelände

Die Hauptgangarten im Gelände sind Trab und Schritt, wobei der Trab deutlich überwiegt. Im Trabe soll das Tempo zügig, aber nicht forciert sein. Es richtet sich nach dem im Trabe schwächsten Pferd. Schrittstrecken dienen der Erholung des Pferdes. Hierzu gehört auch gelegentliches Absitzen und Führen des Pferdes. Auf besonders geeigneten Wegestrecken – ebener und federnder Boden – kann auch auf kürzeren Strecken galoppiert werden. Im Trabe wird nur leicht getrabt. Hierbei ist in gewissen Zeitabständen ein Fußwechsel vorzunehmen, um eine einseitige Belastung zu vermeiden. Während des Rittes sind Rasten einzulegen, deren Häufigkeit sich nach der Länge und Dauer des Rittes richtet. Das Tränken der Pferde sollte erst nach einer kleinen Pause vorgenommen werden.

Für das Reiten im Gelände gibt es unterschiedliche Marschformen, und zwar das Reiten in der Reihe hintereinander – auf schmalen Wegen –, das Reiten zu zweien nebeneinander und auf Lücke von Paar zu Paar – auf breiteren Wegen – und das Reiten im Rudel – auf sehr breiten Wegestrecken.

Für längere Zeit lastete auf der Reiterei die Sorge, auf das Reiten im Walde ganz verzichten zu müssen. Diese Sorge ist nunmehr behoben, nachdem im Deutschen Bundestag ein Kompromiß erzielt worden ist. Entgegen dem geplanten Gesetz wird nun das Reiten im Wald auf Wegen und Straßen gestattet sein, abseits davon jedoch nur mit einer besonderen Genehmigung.

Pflicht jedes Reiters ist, das Eigentum anderer zu achten. Daher sind Forstkulturen, Dickungen, Neuanpflanzungen und Naturverjüngungen und insbesondere Grabenböschungen zu meiden.

Dasselbe gilt für landwirtschaftlich genutzte Flächen wie Wiesen, Weiden, Felder und auch hier Grabenböschungen.

Zum Reiten bieten sich unbefestigte Feldwege an. Sind tiefe Fahrspuren vorhanden, so reitet man auf dem meist begrünten Mittelstreifen zwischen den Wagenspuren.

Immer sollte der Reiter bemüht sein, den für sein Pferd bequemsten Weg zu reiten. Er erreicht dadurch die Schonung seines Pferdes.

Vor Durchreiten eines Wasserlaufes sind *vorher* Tiefe und Untergrund zu prüfen. Dasselbe gilt für das

Hineinreiten in einen See. Wasserläufe und Seen
mit morastigem Untergrund sind zu meiden.
Das Trinken der Pferde bei diesen Gelegenheiten
ist dann zu vermeiden, wenn die Pferde einen längeren Ritt hinter sich haben und warm geworden
sind.
Fällt ein Reiter vom Pferd, und läuft das Pferd davon, so kümmern sich die Teilnehmer der Gruppe
zunächst um den Reiter. Dem entlaufenen Pferd
nähert man sich einem oder zwei Pferden im Schritt.
In den meisten Fällen wird es, seinem Herdentrieb
folgend, sich von selbst wieder zu den anderen
Pferden gesellen.
Das Anreiten zum Ausritt in der Gruppe erfolgt erst
dann, wenn der letzte Reiter aufgesessen ist.
Beginnt ein Pferd unterwegs zu lahmen, so sind
zunächst die Hufe auf Fremdkörper zu untersuchen. Häufigere Ursache ist ein eingetretener Stein.
Er kann mit einem Holzstückchen leicht entfernt
werden. Ist die Lahmheit damit nicht behoben, so
muß das Pferd geführt werden. Bei starker Lahmheit muß das Pferd mit einem Pferdetransportwagen
befördert werden.

Rasten

Die Häufigkeit des Rastens richtet sich nach der
Gesamtlänge des Rittes, nach der körperlichen Verfassung der Pferde und nach der Jahreszeit. An
heißen Sommertagen sind häufigere Rasten erforderlich.
Der Rastplatz soll schattig und windgeschützt sein.
Schwitzende Pferde müssen eingedeckt werden.
Der Sattelgurt ist zu lockern.
Der Reiter denkt immer zuerst an sein Pferd. Es
wird getränkt und gefüttert, sofern eine längere
Rast vorgesehen ist.
Wenn Stallhalfter mit Stricken nicht greifbar sind,
müssen die Pferde von jedem einzelnen Reiter gehalten werden. Andernfalls können die Pferde an
einen Baum oder einen Zaunpfahl – auf Stachel-
draht achten! – angebunden werden. Das Anbinden
der Pferde mit den Trensenzügeln ist gefährlich.
Besser: Anbinden mit einem Halsriemen.
Mehrere Pferde können durch Schlaufen verbunden
werden. Die Pferde werden dann durch zwei Reiter
gehalten.
Während jeder Rast sind die Pferde auf Verletzun-

gen hin zu untersuchen. Zaumzeug und Sattelung sind zu überprüfen. Hierbei ist auf Satteldrücke und Scheuerstellen am Widerrist besonders zu achten. Der Rastplatz soll in dem Zustand verlassen werden, in dem er vorgefunden worden ist, nämlich in peinlich sauberem Zustand.

Verhalten in besonderen Situationen

Reitergruppen, die durch die Feldmark reiten, sollen bei Weiden, auf denen sich Vieh befindet, Schritt reiten. Sie vermeiden dadurch eine Beunruhigung des Viehes. Begegnen Reitergruppen einer Viehherde auf einem Feldweg oder einer Straße, so ist ebenfalls und rechtzeitig zum Schritt durchzuparieren. Es sollte dann in Reihe geritten werden, um dem Vieh genügend Platz zu lassen. Gerät die Viehherde ins Stocken oder zeigt sie Angst vor den Pferden, so sollte gehalten werden.

Bahnunterführungen sollten erst dann durchritten werden, wenn ein Zug nicht in Sicht ist. Dasselbe gilt für Bahnüberführungen. Ein gerade durchfahrender Zug führt mit großer Wahrscheinlichkeit zu einer starken Beunruhigung oder gar zum Durchgehen einiger Pferde. Eine frühzeitige Gewöhnung der Pferde an Zuggeräusche ist zu empfehlen.

Kurze Ruhepause beim Ausritt

Bei straßengleichen Bahnübergängen ist besondere Vorsicht geboten. Vor Übergängen mit Schranken oder Rotlichtsignalen ist in größerem Abstand zu halten. Die Pferde können durch hochgehende Schranken oder den herannahenden Zug erschreckt werden.

Ungesicherten straßengleichen Bahnübergängen in

der Feldmark ist ganz besondere Aufmerksamkeit zu widmen. Sie sind erst dann zu überreiten, wenn absolut sicher ist, daß kein Zug naht. Ein Beobachter muß absitzen. Handelt es sich um einen Übergang, der zwar Schranken hat, die aber von einem Stellwerk nicht bedient werden, so müssen zwei Reiter absitzen, ihre Pferde abgeben und die Schranken öffnen und wieder schließen.

Scheut ein Pferd vor einem ihm unbekannten Gegenstand, z. B. einer großen Baumaschine oder einem laut knatternden Trecker, so ist die erste und beste Einwirkung die beruhigende Stimme des Reiters. Durch vermehrtes Herannehmen des dem Gegenstand abgewandten Schenkels und des dem Gegenstand zugewandten Zügels begegnet man dem Ausbrechen des Pferdes. Ein Ausbrechen kann leicht zu einer Störung des Verkehrs oder womöglich zu einem Zusammenprall mit einem gerade vorbeifahrenden Kraftwagen führen.

Da Unfälle bei Ausritten nicht unausbleiblich sind, muß jeder Reiter die Grundzüge der *»Ersten Hilfe«* beherrschen.

Unfälle des Reiters

Bei *Bewußtlosigkeit,* die viele Ursachen haben kann, muß ein Arzt gerufen werden. Der Betroffene muß flach auf den Boden gelegt werden, wobei der Kopf etwas tiefer liegen soll. Der Kopf ist zur Seite zu drehen, damit bei Erbrechen keine Erstickung eintritt. Der Bewußtlose ist gegen Frieren zu schützen.

Bei einer *Venen-Verletzung* – es fließt dunkelrotes Blut aus der Wunde – ist die Blutung mit Mull und einem festen Verband zu stillen.

Eine *Arterien-Verletzung* – es tritt hellrotes Blut stoßweise aus der Wunde – bindet man das betroffene Glied in Richtung auf das Herz mit einem zusammengerollten Tuch – kein Bindfaden oder Gürtel! – ab, wenn ein fester Verband die Blutung nicht stillen kann. Das Abbinden muß nach jeweils 20 Minuten kurz gelöst werden. Es darf insgesamt nicht länger als 2 Stunden dauern. Der Zeitpunkt des ersten Abbindens muß zeitlich festgehalten werden.

Bei *Erschöpfung,* die durch völlige Kraftlosigkeit, Blässe, unregelmäßigen Puls und Gleichgültigkeit gegenüber der Umgebung gekennzeichnet ist, helfen größere Ruhepausen und Trinken von Tee oder Kaffee mit Zucker oder Traubenzuckertabletten.

Bei einem *Geschlossenen Knochenbruch* muß die Bruchstelle über die beiden angrenzenden Gelenke hinaus ruhiggestellt und jede Bewegung vermieden werden. Beim Anlegen einer Schiene oder einer Bruchmanschette darf die Blutzirkulation nicht behindert werden. Der Betroffene muß durch sachkundige Helfer zu einem Arzt oder in ein Krankenhaus gebracht werden.

Bei einem *Offenen Knochenbruch* – hier ist die Verletzung sichtbar und es können Knochenteile herausragen – ist in gleicher Weise zu verfahren. Die Wunde ist mit keimfreiem Verbandmaterial zu versorgen.

Bei beiden Arten von Knochenbrüchen sind schmerzstillende Mittel zu geben, die dem Arzt mitzuteilen sind.

Bei *Nasenbluten,* das durch Schlagen des Pferdes mit dem Kopf eintreten kann, beugt man den Kopf sitzend oder halb liegend nach hinten. Kalte Umschläge auf den Nacken und im Nasenbereich sind zweckmäßig. In das betroffene Nasenloch kann Verbandmull gesteckt werden. In schweren Fällen muß ein Arzt in Anspruch genommen werden.

Bei *Platzwunden,* die bei einem Sturz entstehen können, ist die Anlegung eines keimfreien Verbandes erforderlich.

Galoppieren im leichten Sitz im Gelände

Bei *Prellungen,* die ebenfalls bei einem Sturz eintreten können, muß das betroffene Glied ruhig gestellt werden. Bei leichten Prellungen helfen feuchtkalte Umschläge oder Auflegen eines Eisbeutels. Bei *Quetschungen* helfen Hochlagern und Ruhigstellung des betroffenen Körperteils und feuchtkalte Umschläge. Bei offenen Wunden muß ein keimfreier Verband angelegt werden.

Bei *Rißwunden* besteht immer Infektionsgefahr. Es muß ein keimfreier Verband angelegt werden. Bei Verletzung durch rostige Gegenstände muß eine Tetanus-Schutzimpfung durch einen Arzt erfolgen.

Bei *Schnittwunden,* die meist stark bluten, ist ein keimfreier Verband anzulegen. Desinfektionsmittel oder Salben sind zu vermeiden. Bei großen Schnittwunden, die geklammert oder genäht werden müssen, ist ein Arzt hinzuzuziehen.

Beim *Wundreiten,* das durch eine schlecht sitzende Reithose oder mangelnde Reinlichkeit entstehen kann, ist sorgfältiges Reinigen der betroffenen Stellen mit Wasser und Abtrocknen erforderlich. Die Wundstellen sind mit Talgpuder zu bestreuen oder ein schützender Verband anzulegen. Blasen sollen nicht geöffnet werden.

Bei *Bienenstichen* muß der Stachel entfernt werden. Anlegen eines feuchten Umschlages mit Al-

kohol, Wasser, Essig oder Borwasser und Betupfen der Stichstelle mit Salmiakgeist, Soda oder Seife lindern die Schmerzen. Bei Stichen im Mund- oder Rachenraum muß ein Arzt gerufen werden.

Die Sorge um das Pferd

Zu einem Ausritt, der gelingen und Freude machen soll, gehören ein gesunder Reiter und ein gesundes Pferd. Beide sollen auf die zu erwartenden Leistungen sorgfältig vorbereitet sein.

Anzeichen für ein gesundes Pferd sind seine Aufmerksamkeit und sein Interesse für die Umgebung, ein lebhaftes Ohrenspiel, klare und glänzende Augen, trockene Nüstern, geräuschlose Atmung, glänzendes und glattes Fell, kühle und klare Beine, normales Trinken, guter Appetit und lebhaftes Kauen, hellgelber und trüber Urin und bräunliche und mäßig feste Kotballen.

Liegen diese Anzeichen nicht mehr vor, so ist das Pferd krank und bedarf der Behandlung. Ob und wann ein Tierarzt hinzuzuziehen ist, hängt von der Art und Ernsthaftigkeit der Erkrankung ab.

Aussetzen beim Fressen und vorsichtiges Fressen deuten auf eine Zahnerkrankung hin. Das Liegenlassen des Hafers kann ebenfalls Zahnkrankheiten oder Verdauungsstörungen zur Ursache haben. Auf die am häufigsten auftretenden Erkrankungen ist bereits an anderer Stelle hingewiesen worden.

Bei Auftreten von Fieber sollte immer ein Tierarzt gerufen werden. Breiiger Kot deutet auf Erkältung, Durchfall oder eine Vergiftung. Bei schleimigem Kot ist auf Magen- und Darmkatarrh zu schließen. Bei Unfällen, die mit schweren Fleischwunden und Knochenbrüchen verbunden sind, kann nur ein Tierarzt helfen. Leichte Lahmheiten, die durch Anschlagen an einen harten Gegenstand oder durch Eintreten eines Steines in den Huf verursacht sind, werden meist nach kürzerer Zeit behoben sein und stellen das Weiterreiten nach einer Ruhepause nicht in Frage. Schwere Lahmheiten, die ihre Ursache in einer Überbeanspruchung der Gelenke (Fessel- und Sprunggelenk, Schulter, Hüfte zumeist) oder der Sehnen haben, zwingen zur Aufgabe des Rittes.

Kranke Pferde, deren weitere Teilnahme am Ausritt nicht verantwortet werden kann, sind mit einem Transportwagen nach Hause zu verbringen.

Die nachstehenden Bestimmungen sind Gegenstand der theoretischen Prüfung.

§ 1 Dieses Gesetz dient dem Schutz des Lebens und Wohlbefindens des Tieres. Niemand darf einem Tier ohne vernünftigen Grund Schmerzen, Leiden oder Schäden zufügen.

Tierschutzgesetz vom 24.7.1972*)

§ 2 Wer ein Tier hält, betreut oder zu betreuen hat,

1. muß dem Tier angemessene, artgemäße Nahrung und Pflege sowie eine verhaltensgerechte Unterbringung gewähren,
2. darf das artgemäße Bewegungsbedürfnis eines Tieres nicht dauernd und nicht so einschränken, daß dem Tier vermeidbare Schmerzen, Leiden oder Schäden zugefügt werden.

§ 3 Ziff. 1 Es ist verboten,

1. einem Tier außer in Notfällen Leistungen abzuverlangen, denen es wegen seines Zustandes offensichtlich nicht gewachsen ist oder die offensichtlich seine Kräfte übersteigen.

§ 11 Er behandelt die Anmeldepflicht für gewerbliche Reit- und Fahrbetriebe.

§ 13 Er regelt den Transport von Tieren.

§ 18 Er hat die Ordnungswidrigkeiten und deren Ahndung zum Inhalt.

Hier werden Grundkenntnisse über die Vegetation und Kenntnisse über land- und forstwirtschaftliche Kulturpflanzen, geschützte Tiere und Pflanzen und Giftpflanzen verlangt.

Naturkunde

*) Quelle: Albert Lotz – Tierschutzgesetz C. H. Beck, München, 1973.

Die allseits begrüßte reiterfreundliche Gesetzgebung hat die FN veranlaßt, ihrerseits der Öffentlichkeit ein deutlich sichtbares Zeichen ihrer Mitverantwortung für die Sicherheit und Ordnung in Wald und Flur zu geben. Dieses Zeichen ist der von der FN jetzt eingeführte REITER-PASS, der *allen* Reitern, also nicht nur Mitgliedern der FN-Organisation, die Möglichkeit gibt, in einer Sonderprüfung nachzuweisen, daß sie in der Lage sind, ein Pferd im Gelände verkehrsgerecht zu beherrschen.

Für die Ausstellung des REITER-PASSES (FN) gelten folgende Richtlinien:

REITER-PASS (FN)

1. Der REITER-PASS bescheinigt dem Inhaber
   a) Grundkenntnisse und Fertigkeiten in der Beschreibung, Beurteilung, Haltung und Pflege von Pferden.
   b) Grundkenntnisse und Fertigkeiten, ein Pferd zu zäumen, zu satteln und in den Grundgangarten einzeln oder auch in einer Gruppe zu reiten; auf Wunsch Springen einzelner Hindernisse im Gelände nicht über 80 cm hoch; das Springen ist im PASS besonders zu vermerken.
   c) Kenntnisse der für die Sicherheit von Reiter und Pferd besonders wichtigen Ausrüstungsbestandteile; Grundkenntnisse des reiterlichen Verhaltens in Wald und Flur, des Tierschutzes und des Straßenverkehrs.
   d) Grundkenntnisse über land- und forstwirtschaftliche Kulturpflanzen, Giftpflanzen und Jagdgewohnheiten.
   e) Unfall- und Haftpflichtversicherungsschutz als Reiter auch im privaten Bereich, soweit der REITER-PASS (FN) einen entsprechenden Vermerk enthält und ein Vereinswechsel über den Bereich des ausstellenden Landesverbandes nicht erfolgt ist.
2. Der REITER-PASS wird dem Bewerber von dem zuständigen Landesverband oder in dessen Auftrag von seinen Regionalverbänden ausgestellt. Die hierfür erforderlichen Vordrucke werden nur durch die FN zur Verfügung gestellt.
3. Die Ausstellung des REITER-PASSES (FN) ist in der Regel abhängig vom Nachweis der Kenntnisse und Fertigkeiten gem. Ziffer 1 a bis d.

Der Nachweis gilt als erbracht, wenn der Bewerber das Deutsche Jugend-Reiterabzeichen oder das Deutsche Reiterabzeichen besitzt oder eine Prüfung gem. Ausbildungs-Prüfungsordnung (APO) abgelegt hat. Dies ist im REITER-PASS zu vermerken.

4. Für die Durchführung des Nachweises und für die Berufung der Richter gelten die Bestimmungen für die Durchführung von Sonderprüfungen zum Erwerb der Deutschen Reiter- und Fahrerabzeichen entsprechend. Es ist sicherzustellen, daß der Nachweis der reiterlichen Qualifikation im Gelände oder außerhalb der Reitanlage erfolgt. Eine besondere Anerkennung von Richtern für die Abnahme der Prüfung für den REITER-PASS (FN) wird empfohlen.

5. Der REITER-PASS gilt auf unbestimmte Zeit. Änderungen der Anschrift und/oder der Stamm-Mitgliedschaft bestätigt der Stammverein. Wechselt der PASS-Inhaber in den Verein eines anderen Landesverbandes über, muß dort die Ausstellung eines Ersatzpasses beantragt werden. Der REITER-PASS (FN) kann aus wichtigem Grund jederzeit entzogen werden.

6. Die Ausstellung des REITER-PASSES (FN) ist gebührenpflichtig.

Es kostet:

Erstausstellung einschl. Nadel	DM 10,–
Ausstellung eines Ersatzpasses	DM 10,–
Ersatznadel	DM 3,–

7. Der Inhaber des REITER-PASSES (FN) ist berechtigt, die REITER-PASS-Nadel zu tragen.

8. Die Landesverbände sind verpflichtet, die Prüfungsunterlagen aufzubewahren.

9. Die Zulassung zu Wettbewerben und Leistungsprüfungen wird ausschließlich durch die Leistungsprüfungsordnung (LPO) geregelt.

Angesichts der Tatsache, daß der Reitsport schon lange nicht mehr ein exklusiver Sport ist, sondern ein Volkssport wie viele andere Sportarten auch geworden ist, haben sich neben den reitsportlichen Organisationen auch öffentliche Stellen seiner Förderung angenommen. Allerdings beschränken sich die Hilfsmaßnahmen der öffentlichen Stellen auf solche, die der Talentsuche und Talentförderung dienen. Die verfügbaren Geldmittel reichen natürlich nicht aus, um auch die Breitenarbeit in der Reiterei zu fördern. Dies muß daher den reiterlichen Organisationen überlassen bleiben.

Die *Spitzenorganisation* für Reitsport und Pferdezucht ist die *Deutsche Reiterliche Vereinigung (FN)-Hauptverband für Zucht und Prüfung deutscher Pferde.* Die Abkürzung FN bedeutet Fédération Equestre Nationale und kennzeichnet die Deutsche Reiterliche Vereinigung als deutsche Vertretung in der FEI – Fédération Equestre Internationale – Internationale Reiterliche Vereinigung. Das nachstehende Schema (Seite 169) verdeutlicht Aufbau und Organisation der FN.

Diese Gliederung läßt erkennen, daß alle Organisationen, die sich dem Pferde und dem Reitsport verbunden und verpflichtet fühlen, hier sinnvoll auf Bundesebene zusammengeschlossen sind.

Die *Landes-Reiterverbände,* von denen je einer in jedem Land der Bundesrepublik und in Berlin besteht, sind der Zusammenschluß aller Reit- und Fahrvereine in Stadt und Land. Verschiedene Landesverbände der Bundesrepublik sind in Regionalverbände aufgegliedert. Hierzu gehören dann meist auch die Pferdezuchtverbände. Innerhalb jedes Landesverbandes besteht eine *Landeskommission für Pferdeleistungsprüfungen.* Sie hat folgende wesentlichen Aufgaben:

- Jährliche Festsetzung der Termine der Pferdeleistungsschauen, in Abstimmung mit den übrigen Landeskommissionen.
- Jährliche Aufstellung der Richter- und Parcourschefliste.
- Durchführung von Lehrgängen für Richter und Nachwuchsrichter, auch in Zusammenarbeit mit der Deutschen Richtervereinigung für Pferdeleistungsprüfungen.

- Durchführung von Lehrgängen für Reiter, Reitlehrer, Bereiter und Pferdepfleger.
- Genehmigung der Ausschreibungen der Pferdeleistungsschauen.
- Überwachung der Pferdeleistungsschauen hinsichtlich der Einhaltung der Bestimmungen der Leistungsprüfungsordnung (LPO) durch Entsendung eines Beauftragten.
- Genehmigung von Prüfungen für das Reiterabzeichen und Veranlassung der Ausfertigung der Urkunden durch die FN.
- Veranlassung der Ausfertigung der Reiterausweise durch die FN.

Die Landeskommission erstellt alljährlich einen Jahresbericht, in dem das reiterliche Geschehen und alle damit zusammenhängenden Fragen erläutert sind.

Das *Deutsche Olympiade-Komitee für Reiterei* (DOKR), das seinen Sitz in Warendorf in Westfalen hat, nimmt eine Sonderstellung ein. Seine Aufgabe ist es, den *Hochleistungssport* in der Reiterei zu fördern.
Bei dem hohen Stande der Reiterei in der ganzen Welt ist diese Aufgabe von besonderer Wichtigkeit.

Ehrenamtlich zusammengesetzte *Ausschüsse für Dressur, Vielseitigkeit und Springen* befinden über die Auswahl der Reiter, denen eine besondere Förderung zuteil wird. Die ausgewählten Reiter der Spitzenklasse werden in die *Auswahlmannschaft A* berufen. Die Berufung erfolgt auf Grund ganz bestimmter Turniererfolge innerhalb eines bestimmten Zeitraumes mit einem oder mehreren Pferden. Bleiben diese Erfolge innerhalb eines bestimmten Zeitraumes aus, kann der Reiter der Auswahlmannschaft A nicht mehr angehören.
Eine weitere Gruppe von Reitern ist in der *Auswahlmannschaft B* zusammengefaßt. Auch diese Gruppe muß bestimmte Erfolge nachweisen. Aus ihr können Reiter zu gegebener Zeit in die Auswahlmannschaft A aufsteigen.
Die dritte Gruppe ist die *Auswahlmannschaft C*, die Junioren vorbehalten ist, also dem Nachwuchs der deutschen Reiterei. Die Berufung erfolgt hier ebenfalls auf Grund von Turniererfolgen.

In besonderen Lehrgängen werden die Reiter der Auswahlmannschaften immer wieder geschult und auf Veranstaltungen von höchstem Rang, national und international, vorbereitet. Hierzu gehören nationale und internationale Turniere, Europameisterschaften, Weltmeisterschaften und Olympische Spiele. Erstmalig im Jahre 1973 hat die Internationale Reiterliche Vereinigung (FEI) auch Europameisterschaften für Junioren in der Dressur durchgeführt. Hieraus ist inzwischen eine sich jährlich wiederholende Einrichtung geworden.

Aufgabe der Ausschüsse ist es, die Auswahl an Reitern und Pferden für die jeweiligen Veranstaltungen zu treffen. Wenn auch die Leistungen von Reitern und Pferden von ausschlaggebender Bedeutung sind, so ist doch die richtige Auswahl von Wichtigkeit. Die Erfolge der deutschen Reiter bei Olympischen Spielen nach 1945 verdeutlichen, daß auch die Arbeit der Ausschüsse erfolgreich war.

Der *Deutsche Reiter- und Fahrer-Verband e.V.* ist der Zusammenschluß und die Interessenvertretung der Reiter und Fahrer aller Disziplinen auf Bundesebene, die sich insbesondere dem Turniersport und der Jagdreiterei verbunden fühlen. Er steht seinen Mitgliedern, Turnierveranstaltern und Reitervereinen beratend zur Verfügung. Zur Wahrnehmung dieser Aufgaben verfügt er über *Fachgruppen* für Dressur, Springen, Vielseitigkeit, Jagdreiten, Fahren und Berufsreiter, deren Vorsitzende und Mitglieder ehrenamtlich tätig sind. Zwischen dem Deutschen Olympiade-Komitee für Reiterei und dem Deutschen Reiter- und Fahrer-Verband besteht eine enge Zusammenarbeit.

Die *Deutsche Richtervereinigung für Pferdeleistungsprüfungen* ist eine private und unabhängige Einrichtung in der Bundesrepublik, in der Richter für Pferdeleistungsprüfungen zusammengeschlossen sind.

Die wesentlichen Aufgaben der Vereinigung sind die Weiterbildung der Richter und Heranbildung der Nachwuchsrichter – die Förderung der Lehre vom Reiten nach den Grundsätzen der klassischen Reitkunst – die Zusammenarbeit mit der FN, den Anschlußverbänden und den Landeskommissionen in allen Fragen, die mit dem Richten bei Pferdeleistungsprüfungen zusammenhängen – die Ausarbeitung und Erprobung von Verbesserungsvorschlägen für Anforderungen, Beurteilungen und Richtverfahren in Pferdeleistungsprüfungen – Pflege des Kontaktes zu ausländischen Richtern – Abhaltung von Richter- und Nachwuchsrichter-Lehrgängen in Zusammenarbeit mit den Landeskommissionen.

Die vorstehend genannten Organisationen widmen sich der Förderung des Reitsports in allen seinen Disziplinen. Das praktische reiterliche Leben vollzieht sich in den Reitervereinen in Stadt und Land und in selbständigen Reitinstituten. Gegenwärtig bestehen in der Bundesrepublik etwa 2.000 städtische und ländliche Reitervereine mit etwa 259.000 Mitgliedern. Hiervon sind etwa 125.000 aktive Reiter, unter ihnen etwa 20.000, die sich am Turniersport beteiligen. Diese erfreulich großen Zahlen beweisen deutlich, wie stark das Interesse am Pferde und am Reiten heutzutage ist, und daß der Reitsport ein echter Volkssport geworden ist. Neben der sehr großen Zahl an aktiven Reitern, die sich am Turniersport beteiligen, gibt es den ständig wachsenden Kreis der Freizeitreiter, die auf eine Turnierteilnahme verzichten und sich überwiegend dem Reiten im Gelände widmen. Wie für jede andere Sportart, gibt es auch für den Reitsport Fachzeitschriften. Offizielles Organ für die Deutsche Reiterliche Vereinigung (FN) – Hauptverband für Zucht und Prüfung deutscher Pferde e.V., das Deutsche Olympiade-Komitee für Reiterei, den Deutschen Reiter- und Fahrer-Verband e.V. und die Deutsche Richtervereinigung für Pferdeleistungsprüfungen ist der »Sankt Georg«, ein hippologisches Journal und Fachmagazin für Pferdesport und Pferdezucht.

Laßt mich nur auf meinem Sattel gelten!
Bleibt in Euren Hütten, Euren Zelten!
Und ich reite froh in alle Ferne,
Über meiner Mütze nur die Sterne. *Goethe*

Die Weltdachorganisation des Reitsports ist die FEI = Fédération Equestre Internationale (Sitz in Brüssel)

Präsidium

Die Deutsche Reiterliche
Vereinigung – FN

Gesamtvorstand:

Präsidium (7 Stimmen)	Vorst. Sport (50 Stimmen)	Vorst. Zucht (50 Stimmen)	Vorstand P. M. (10 Stimmen)

Abt. Sport:	Vorstand
	Delegierten-versammlg.

Vorstand:
Vorsitzender:

Stellv. Vorsitzender:

Vertreter der
Landesverbände:

Ausschußvorsitzende:

DOKR:

DRFV:

Abt. Zucht:	Vorstand
	Delegierten-versammlg.

Vorstand:
Vorsitzender:

Stellv. Vorsitzender:

Vorstandsmitglieder:

Abt. Pers. Mitgl.:	Vorstand
	Mitglieder-versammlung

Vorstand:
Vorsitzender:

Stellv. Vorsitzender:

Vorstandsmitglieder:

FN-Mitgliederversammlung

Abt. Sport (54 Deleg.)	Abt. Zucht (54 Deleg.)	Abt. Pers. Mitgl. (12 Deleg.)

Landes-Reiter-Verbände	DOKR	DRFV	DRV	LK	OB ELF	Pferdezucht-Verbände	Persönliche Mitglieder	außerordentl. Mitglieder (Firmen etc.)

Abkürzungen:
DOKR – Deutsches Olympiade-Komitee für Reiterei e.V.
DRFV – Deutscher Reiter- und Fahrer-Verband e.V.
DRV – Deutsche Richtervereinigung
LK – Landeskommissionen für Pferdeleistungsprüfungen
OBELF – Oberste Behörden für Ernährung, Landwirtschaft und Forsten

Die Olympischen Spiele der Neuzeit fanden im Jahre 1896 in Athen statt, also in dem Lande, das den Spielen den Namen gegeben hat. Die II. Olympischen Spiele wurden im Jahre 1900 in Paris, die III. Olympischen Spiele im Jahre 1904 in St. Louis/ USA, die IV. Olympischen Spiele im Jahre 1908 in London durchgeführt. Erstmalig bei den V. Olympischen Spielen im Jahre 1912 in Stockholm gehörten zu den Wettbewerben auch reiterliche Wettbewerbe, und zwar Dressur, Vielseitigkeit (Military) und Jagdspringen.

Es errangen Olympische Medaillen:

**V. Olympische Spiele
1912 in Stockholm**

Military – Einzelwertung
Silbermedaille: von Rochow
Military – Mannschaft
Silbermedaille: von Rochow, von Lütcken, von Moers, von Schaesberg-Thannheim
Großer Preis der Nationen – Mannschaft
Bronzemedaille: Freyer, von Hohenau, Deßloch, Friedrich Karl Prinz von Preußen.

Die VI. Olympischen Spiele 1916 fanden wegen des Weltkrieges nicht statt.
An den VII. Olympischen Spielen im Jahre 1920 in Antwerpen und an den VIII. Olympischen Spielen im Jahre 1924 in Paris nahmen deutsche Reiter nicht teil.

**IX. Olympische Spiele
1928 in Amsterdam**

Dressur – Einzelwertung
Goldmedaille: Frhr. von Langen-Parow
Dressur – Mannschaft
Goldmedaille: Frhr. von Langen-Parow, von Lotzbeck, Linkenbach
Military – Einzelwertung
Bronzemedaille: Neumann

An den X. Olympischen Spielen im Jahre 1932 in Los Angeles/USA nahmen deutsche Reiter nicht teil.

**XI. Olympische Spiele
1936 in Berlin**

Dressur – Einzelwertung
Goldmedaille: Pollay
Silbermedaille: Gerhard
Dressur – Mannschaft
Goldmedaille: Gerhard, von Oppeln-Bronikowski, Pollay
Military – Einzelwertung
Goldmedaille: Stubbendorf
Military – Mannschaft
Goldmedaille: Lippert, Stubbendorf, von Wangenheim
Großer Preis der Nationen – Einzelwertung
Goldmedaille: Hasse
Großer Preis der Nationen – Mannschaft
Goldmedaille: Brandt, von Barnekow, Hasse

Die XII. und XIII. Olympischen Spiele 1940 und 1944 fanden wegen des Zweiten Weltkrieges nicht statt. An den XIV. Olympischen Spielen im Jahre 1948 in London nahmen deutsche Reiter nicht teil.

**XV. Olympische Spiele
1952 in Helsinki**

Dressur – Mannschaft
Bronzemedaille: Ida Freiin von Nagel, Pollay, Thiedemann
Military – Einzelwertung
Bronzemedaille: Büsing
Military – Mannschaft
Silbermedaille: Büsing, Rothe, Wagner
Großer Preis der Nationen – Einzelwertung
Bronzemedaille: Thiedemann

**XVI. Olympische Spiele
1956 in Melbourne**

(Die Reiterspiele fanden in *Stockholm* statt)
Dressur – Einzelwertung
Bronzemedaille: Liselott Linsenhoff
Dressur – Mannschaft
Silbermedaille: Anneliese Küppers, Liselott Linsenhoff, Hannelore Weygand
Military – Einzelwertung
Silbermedaille: August Lütke-Westhues
Military – Mannschaft
Silbermedaille: Lütke-Westhues, Rothe, Wagner

Großer Preis der Nationen – Einzelwertung
Goldmedaille: Winkler
Großer Preis der Nationen – Mannschaft
Goldmedaille: Lütke-Westhues, Thiedemann, Winkler

Liselott Linsenhoff mit »Piaff«: Die glückliche Gewinnerin der Goldmedaille in der Dressur-Einzelwertung und der Silbermedaille in der Dressur-Mannschafts-wertung 1972 in München, Weltmeisterin 1974 in der Dressurmannschafts-wertung.

Dressur – Einzelwertung
Bronzemedaille: Neckermann
Eine Mannschaftswertung in der Dressur wurde nicht durchgeführt.
Großer Preis der Nationen – Mannschaft
Goldmedaille: Schockemöhle, Thiedemann, Winkler

**XVII. Olympische Spiele
1960 in Rom**

XVIII. Olympische Spiele
1964 in Tokio

Dressur – Einzelwertung
Silbermedaille: Boldt
Dressur – Mannschaft
Goldmedaille: Boldt, Klimke, Neckermann
Military – Einzelwertung
Bronzemedaille: Ligges
Military – Mannschaft
Bronzemedaille: Karsten, Ligges, Schulz (DDR)
Großer Preis der Nationen – Einzelwertung
Silbermedaille: Schridde
Großer Preis der Nationen – Mannschaft
Goldmedaille: Jarasinski, Schridde, Winkler

Dr. Reiner Klimke mit
»Mehmed«: Gewinner
mehrerer Olympia-
Medaillen,
Europameister 1973.
Weltmeister 1974 in der
Einzel- und
Mannschaftswertung.

XIX. Olympische Spiele
1968 in Mexico City

Dressur – Einzelwertung
Silbermedaille: Neckermann
Bronzemedaille: Klimke
Dressur – Mannschaft
Goldmedaille: Liselott Linsenhoff, Klimke, Neckermann
Großer Preis der Nationen – Einzelwertung
Bronzemedaille: Winkler

Dressur – Einzelwertung
Goldmedaille: Liselott Linsenhoff
Bronzemedaille: Neckermann
Dressur – Mannschaft
Silbermedaille: Liselott Linsenhoff, Karin Schlüter,
Neckermann
Military – Mannschaft
Bronzemedaille: Gössing, Karsten, Klugmann,
Schultz
Großer Preis der Nationen – Mannschaft
Goldmedaille: Ligges, Steenken, Wiltfang, Winkler

**XX. Olympische Spiele
1972 in München**

Karin Schlüter mit
»Liostro«: Gewinnerin der
Silbermedaille in der
Dressur-Mannschaftswer-
tung 1972 in München,
Weltmeisterin 1974 in der
Dressurmannschafts-
wertung.

Dr. h. c. Josef Neckermann mit »Venetia«: Gewinner mehrerer olympischer Gold-, Silber- und Bronzemedaillen und Weltmeister.
1960: Bronzemedaille Einzelreiten
1964: Goldmedaille Mannschaftswertung
1968: Silbermedaille Einzelreiten, Goldmedaille Mannschaftswertung
1972: Silbermedaille Mannschaftswertung und Bronzemedaille Einzelreiten.

XXI. Olympische Spiele 1976 in Montreal

Dressur – Einzelwertung
Silbermedaille: Harry Boldt
Bronzemedaille: Reiner Klimke
Dressur – Mannschaft
Goldmedaille: Harry Boldt, Gabriela Grillo, Reiner Klimke
Military – Einzelwertung
Bronzemedaille: Karl Schultz
Military – Mannschaft
Silbermedaille: Otto Ammermann, Herbert Blöcker, Helmuth Rethemeier, Karl Schultz
Großer Preis der Nationen – Einzelwertung
Goldmedaille: Alwin Schockemöhle
Großer Preis der Nationen – Mannschaft
Silbermedaille: Alwin Schockemöhle, Paul Schockemöhle, Sönke Sönksen, Hans Günter Winkler